L'ARTISTE,

COMÉDIE EN CINQ ACTES ET EN VERS,

PAR

J. F. CH.

PARIS,
IMPRIMERIE DE GAUTHIER-VILLARS,
RUE DE SEINE-SAINT-GERMAIN, 10.
—
1866

 L'ARTISTE.

L'ARTISTE,

COMÉDIE EN CINQ ACTES ET EN VERS,

PAR

J. F. CH.

PARIS,

IMPRIMERIE DE GAUTHIER-VILLARS,

RUE DE SEINE-SAINT-GERMAIN, 10.

1866

PERSONNAGES.

SAINT-PHAR, peintre de genre.
DINCOURT, auteur dramatique, ami de Saint-Phar.
DE VALOMBREUSE, homme de lettres, autre ami de Saint-Phar.
GERSAIN, agent d'affaires.
MADAME DE VOLMAR, jeune veuve encourageant les arts.
LÉONIE SAINT-PHAR, nièce de Madame de Volmar et cousine de Saint-Phar.
ÉGLÉ SAINT-PHAR, sœur de Léonie.

La scène se passe à Paris, dans un salon commun d'une maison habitée par Saint-Phar et par Madame de Volmar et ses nièces. Les appartements de Saint-Phar sont à droite, en regardant le théâtre, et ceux de Madame de Volmar à gauche. Dans le fond se trouve une porte conduisant à une salle de bal. Cette porte est fermée pendant le premier et le troisième acte, et ouverte durant les autres actes.

L'ARTISTE.

ACTE PREMIER.

SCÈNE PREMIÈRE.

MADAME DE VOLMAR, LÉONIE, ÉGLÉ.

(Madame de Volmar est assise près d'une table, feuilletant un album.)

ÉGLÉ, entrant légèrement, suivie de Léonie.

Ma tante, nous voici.

LÉONIE.

T'avons-nous fait attendre?

MADAME DE VOLMAR, fermant son album.

Rien ne presse.

LÉONIE.

Au Musée il faut bientôt nous rendre.

ÉGLÉ, à sa tante, en montrant sa sœur.

Comment la trouves-tu?

MADAME DE VOLMAR, regardant Léonie.

Mais à ravir, vraiment.

ÉGLÉ.

N'est-ce pas?

LÉONIE, à sa tante.

Tu le crois?

MADAME DE VOLMAR, en se levant.

C'est là mon sentiment.

ÉGLÉ.

Ma sœur à sa toilette apporte un goût extrême.

LÉONIE.

Tu me flattes, Églé.

ÉGLÉ.

Mon Dieu, non; mais je t'aime,
Et de toi je suis fière.

MADAME DE VOLMAR.

On le serait à moins.

LÉONIE.

Ta parure, ma sœur, atteste aussi tes soins.

ÉGLÉ, en se regardant.

Tu le penses?

MADAME DE VOLMAR.

Sans doute.

ÉGLÉ.

Assurément, ma tante?

MADAME DE VOLMAR.

Assurément, ma nièce.

LÉONIE.

On n'est pas plus charmante.

ÉGLÉ.

Ainsi mise, au Salon je puis me présenter?

MADAME DE VOLMAR.

Pourquoi non, s'il te plait?

ACTE PREMIER.

LÉONIE.

En devrais-tu douter?

ÉGLÉ.

C'est qu'aujourd'hui, dit-on, est le jour du beau monde,
Et que le Louvre alors en toilettes abonde.

LÉONIE.

Le public élégant s'y donne rendez-vous.

ÉGLÉ, avec un soupir.

C'est là ce qui m'effraye; et tenez, entre nous,
Je voudrais...

MADAME DE VOLMAR, en souriant.

Tu voudrais, car tu tiens aux hommages,
Sans doute t'y montrer dans tous tes avantages.

ÉGLÉ.

C'est le mot; mais je crains....

LÉONIE.

Bonne Églé, je te crois;
Et c'est bien naturel pour la première fois.
Protectrice des arts, d'artistes entourée,
Du grand nombre chérie, et de tous admirée,
Ma tante ne peut voir d'où vient notre embarras;
Mais pour toi, mais pour moi, c'est un tout autre cas,
Et ta crainte, ma sœur, prouve ta modestie.

MADAME DE VOLMAR, à Églé, sur un ton sérieux.

Au fait, de pension depuis huit jours sortie,
Tu ne saurais avoir déjà pris ton essor,
Et du monde, à ton âge, on ne sait rien encor.

ÉGLÉ, d'un air de désappointement.

Rien! dis-tu?

MADAME DE VOLMAR, feignant l'étonnement.

Me trompé-je ?

LÉONIE, avec un demi-sourire.

Il se pourrait bien faire.

MADAME DE VOLMAR, à Églé.

Et serais-tu déjà savante en l'art de plaire ?

ÉGLÉ.

Savante ! oh ! pas encor. Pourtant je crois savoir
Qu'à la femme, pour plaire, il suffit de vouloir.

MADAME DE VOLMAR.

A merveille !... Et, dis-moi, qui t'a si bien instruite ?

ÉGLÉ.

Mes compagnes d'abord, et mes livres ensuite.

MADAME DE VOLMAR.

Tout cela néanmoins ne m'émeut pas beaucoup,
Et tu n'es qu'une enfant...

ÉGLÉ, légèrement piquée.

Ma tante, pour le coup !...

MADAME DE VOLMAR.

Savamment ignorante et des faits et des causes.

ÉGLÉ, avec finesse.

La curiosité nous apprend bien des choses.

LÉONIE, à sa sœur.

Alors qu'on croit savoir, souvent on ne sait rien.

ÉGLÉ, avec aplomb.

Je sais voir tout au moins.

MADAME DE VOLMAR, à Églé.

Allons, je le veux bien ;

Te voilà grande fille.

ÉGLÉ, avec satisfaction.

Ah! conviens-en, ma tante.
J'ai quinze ans révolus...

LÉONIE, d'un ton ironiquement sérieux.

La preuve est convaincante!
Et je te tiens, ma sœur, pour bonne à marier.

MADAME DE VOLMAR.

Je n'ai garde non plus de vouloir le nier.

ÉGLÉ, gravement.

A quinze ans!

LÉONIE.

A quinze ans!

MADAME DE VOLMAR, sur le ton de la plaisanterie.

Et sans doute, à cet âge
On sait aussi déjà ce qu'est le mariage?

ÉGLÉ.

Quand on n'est plus enfant...

MADAME DE VOLMAR,

Ah! tu le sais aussi?

ÉGLÉ.

Eh! mais...

MADAME DE VOLMAR.

Mais!

ÉGLÉ, vivement.

Oui, ma tante.

MADAME DE VOLMAR.

Oh! que non.

ÉGLÉ, avec finesse.

Oh! que si.

MADAME DE VOLMAR.

Non.

ÉGLÉ.

Si.

LÉONIE.

Toi!

ÉGLÉ.

Moi.

MADAME DE VOLMAR, à Léonie.

C'est net, très-net et sans réplique.
Mais, puisque de savoir Églé si fort se pique,
Pour elle d'un mari dès ce soir je fais choix.

ÉGLÉ.

A ton bal?

MADAME DE VOLMAR.

A mon bal.

ÉGLÉ.

Oh! non : une autre fois.

MADAME DE VOLMAR.

Tu peux t'en rapporter à ma sollicitude :
Sur-le-champ, si tu veux.

ÉGLÉ.

C'est trop de promptitude.

MADAME DE VOLMAR.

Un mari te fait peur?

ÉGLÉ.

Je ne dis pas cela.

LÉONIE.

Que ne l'acceptes-tu?

ÉGLÉ.

Mais je n'en suis pas là.

ACTE PREMIER.

MADAME DE VOLMAR.

Tu n'as qu'à dire un mot.

ÉGLÉ.

Je ne suis pas pressée :
Dans mon esprit d'abord roule une autre pensée.

MADAME DE VOLMAR.

Et laquelle ?

LÉONIE.

Je cherche et ne devine pas.

ÉGLÉ.

On m'a dit que l'hymen avait bien ses tracas,
Et je veux en public briller en jeune fille
Avant que d'y poser en mère de famille.

LÉONIE, à sa tante.

De sa simplicité c'est vraiment abuser.

ÉGLÉ, à sa sœur.

Ma tante à mes dépens, vois-tu, veut s'amuser.
Mais il est clair d'ailleurs qu'en fait de mariage,
Cet honneur t'appartient : c'est le droit de ton âge.

LÉONIE.

J'ai bien le temps d'attendre.

MADAME DE VOLMAR, à Églé.

Et jusqu'ici ta sœur
De tout désir d'hymen a défendu son cœur.

ÉGLÉ, en regardant Léonie.

Elle ?

MADAME DE VOLMAR.

Oui.

ÉGLÉ.

Bien sûr ?

MADAME DE VOLMAR.

Sans doute.

ÉGLÉ.

Eh bien! moi, je le nie.

MADAME DE VOLMAR.

Rien de plus vrai pourtant.... Demande à Léonie.

LÉONIE, après un peu d'hésitation.

Pour pouvoir lui répondre, il faudrait y songer,
Et moi-même d'abord à fond m'interroger.

ÉGLÉ, avec malice.

Et, sans doute, ma sœur ne l'a point fait encore?

LÉONIE.

Pas encor.

MADAME DE VOLMAR.

Ton cœur est sans désir?

LÉONIE.

Je l'ignore.

ÉGLÉ.

Tu l'ignores!!

MADAME DE VOLMAR, en appuyant sur chaque nom.

Ainsi, ni Préval, ni Dincourt,
Saint-Phar ou Saint-Léger, Valombreuse ou Belcourt...
N'ont pu fixer ton choix? n'ont pu toucher ton âme?

LÉONIE.

Mais la femme, dit-on, sans s'exposer au blâme,
Ne peut être en amour la première à choisir.

ÉGLÉ.

Force, en effet, nous est de voir d'abord venir.
Mais on y peut aider... et, sans être indiscrète,
Le soin que Léonie a mis à sa toilette

ACTE PREMIER.

Le prouve, ce me semble, ou je n'y comprends rien.

A sa sœur.

Dis-je vrai?

LÉONIE, d'un ton un peu piqué.

Nullement. Églé, ce n'est pas bien :
A notre âge, ma sœur, on aime à se bien mettre,
Sans que le cœur d'ailleurs songe à se compromettre.

ÉGLÉ.

J'y veillerai ; prends garde !

MADAME DE VOLMAR, à Léonie.

Alors, ma chère enfant,
De s'engager encor ton âme se défend ?

LÉONIE.

Ma tante....

MADAME DE VOLMAR.

Loin de rien oser, tu veux attendre
Qu'un amant, de lui-même, ose à ta main prétendre?

LÉONIE.

C'est selon.

ÉGLÉ.

Tu le dis.

LÉONIE.

Non pas complétement.

ÉGLÉ.

Va, tu peux, entre nous, parler plus franchement :
A qui nous plaît, dit-on, il faut chercher à plaire;
Et la chose pour toi semble facile à faire.

LÉONIE.

Elle est facile à dire à qui n'est pas en jeu.
Je voudrais bien t'y voir.

MADAME DE VOLMAR, en souriant.

Attends encore un peu.

ÉGLÉ, à sa sœur.

C'est de toi qu'il s'agit.

LÉONIE.

Mauvaise répartie !

MADAME DE VOLMAR, à Léonie.

Notre sexe est contraint, malgré sa modestie,
De donner quelquefois quelque chose au hasard ;
Et la nature alors peut recourir à l'art...
Mais, entre nos amis, il est des différences ;
Que je sache sur qui portent tes préférences,
Et pour toi j'essaîrai le succès au besoin.

LÉONIE.

Oh ! de grâce, ma tante, épargne-toi ce soin.
Ton zèle à le tenter serait sans doute extrême ;
Mais, s'il faut l'essayer, je l'essaîrai moi-même.

MADAME DE VOLMAR.

A ton choix, mon enfant, que ce point soit réglé.

SCÈNE II.

SAINT-PHAR, DE VALOMBREUSE, MADAME DE VOLMAR, LÉONIE, ÉGLÉ.

ÉGLÉ, à Saint-Phar, après avoir salué Valombreuse,
qui entre avec son ami par la porte du fond.

Ah ! bonjour, mon cousin.

SAINT-PHAR.

Bonjour, aimable Églé.

A madame de Volmar et à Léonie.

Je sors de chez Dincourt avec de Valombreuse.

MADAME DE VOLMAR.

Eh bien ?

SAINT-PHAR.

C'est une course encore infructueuse !

DE VALOMBREUSE.

Il n'est pas de retour.

LÉONIE.

Cependant on l'attend.

DE VALOMBREUSE.

Saint-Phar compte sur lui.

LÉONIE.

Bientôt ?

SAINT-PHAR.

A tout instant.
Il devrait être ici.

LÉONIE.

Son retard nous étonne.

ÉGLÉ.

Sans doute il en sera plus fâché que personne ;
Car s'il fût arrivé, suivant notre désir,
De venir avec nous il aurait le plaisir.

A madame de Volmar.

Mais, ma tante, partons ; viens, la voiture est prête.

LÉONIE, à Saint-Phar.

D'aller voir vos tableaux pour nous c'est une fête.

MADAME DE VOLMAR.

On en dit un grand bien.

DE VALOMBREUSE.

L'éloge est mérité.

SAINT-PHAR.

De l'accueil du public j'ai lieu d'être flatté.

MADAME DE VOLMAR, à Saint-Phar.

Vos ouvrages toujours ont su le satisfaire.

LÉONIE.

Quand on s'adresse à l'âme, on est sûr de lui plaire.
Celui des *Trois Amis* dans mon cœur s'est gravé :
Aucun sujet, pour moi, ne fut si bien trouvé.

SAINT-PHAR.

Valombreuse et Dincourt m'ont servi de modèles ;
Jamais on n'eut, je crois, d'amis aussi fidèles.

MADAME DE VOLMAR.

Il faut en convenir, c'est un charmant tableau.

LÉONIE.

Il est, à mon avis, et simple, et noble, et beau.
De ces enfants des arts, l'amitié, que j'admire,
Sur leurs généreux traits au plus haut point respire !
Honneur soit à celui qui nous a si bien peint
Le noble sentiment dont son cœur est empreint.

SAINT-PHAR.

Je lui dois, jusqu'ici, les beaux jours de ma vie.

LÉONIE.

On ne pouvait mieux faire, et je vous porte envie.

ÉGLÉ.

Votre nouveau tableau, de celui des *Amis*
Est sans doute un pendant ? Vous nous l'aviez promis.

DE VALOMBREUSE.

Il a tenu parole, et, vous pouvez m'en croire,
C'est un fleuron de plus qu'il ajoute à sa gloire.
Son œuvre des *Trois Sœurs* inspirant les beaux-arts,
Du public satisfait captive les regards;
Et la foule, à toute heure avidement pressée,
Vante le coloris autant que la pensée.

LÉONIE, regardant son cousin d'un air de reproche.

Encor quelques instants et nous pourrons savoir
D'où venait son refus de nous le laisser voir.

DE VALOMBREUSE.

J'en connais le motif, et, si je ne m'abuse,
En voyant le tableau vous admettrez l'excuse.

MADAME DE VOLMAR.

Je l'admets volontiers, car j'ai su deviner.

LÉONIE, souriant à Saint-Phar.

Quant à moi, je veux voir avant de pardonner.

SAINT-PHAR.

Sans l'espoir du pardon, j'aurais lieu d'être à plaindre.

ÉGLÉ.

Avec nous, mon cousin, vous n'avez rien à craindre.

LÉONIE, à Églé.

Va, Saint-Phar le sait bien.

SAINT-PHAR, à Léonie.

      Et j'en suis tout heureux;
Car votre assentiment peut combler tous mes vœux.

ÉGLÉ, à madame de Volmar.

Alors, vite, en voiture.

MADAME DE VOLMAR.

Un peu de patience :
A Églé, en souriant.
Il n'est pas encor l'heure où le beau monde, en France,
Se produit aux regards.
A Valombreuse.
Vous viendrez avec nous.

DE VALOMBREUSE, en s'inclinant.

Impossible : à Gersain j'ai donné rendez-vous.

ÉGLÉ, à Léonie.

J'ai hâte de partir.

MADAME DE VOLMAR, à Églé.

Quelle ardeur te dévore !
Mes désirs sont les tiens ; mais il me faut encore
A mes apprêts de bal donner quelques instants.
A Saint-Phar, en rentrant chez elle.
Dans un quart d'heure au plus, Saint-Phar, je vous attends.
A Églé.
Nous sortirons après.
A Valombreuse.
Sans adieu, Valombreuse.

ÉGLÉ, à sa sœur, en sortant avec elle.

Viens revoir ma toilette ;
D'un ton de recommandation.
Et ne sois pas flatteuse !

SCÈNE III.

SAINT-PHAR, DE VALOMBREUSE.

SAINT-PHAR.

Du retard de Dincourt j'éprouve du souci ;
Déjà, depuis longtemps, je le voudrais ici.

ACTE PREMIER.

DE VALOMBREUSE.

Son peu d'empressement excite ma surprise ;
Et, s'il faut te parler avec pleine franchise,
Sans doute, comme moi, tu dois t'en étonner.

SAINT-PHAR.

Dieu me préserve, ami, de l'oser soupçonner !
Quinze ans d'intimité me l'ont trop fait connaître
Pour que sur lui le doute en mon cœur puisse naître.
En un même collége élevés tous les deux,
Imbus des mêmes goûts, formant les mêmes vœux,
L'un vers l'autre attirés dès nos jeunes années,
L'amitié, Valombreuse, unit nos destinées ;
Et depuis cette époque, ensemble, des beaux-arts
Embrassant la carrière, affrontant les hasards,
Partageant à l'envi l'une et l'autre fortune,
De nos deux volontés nous n'en avons fait qu'une,
Confondant à la fois, en nos communs désirs,
Et veilles et travaux, et peines et plaisirs.
Fiers de notre union, libres, exempts d'envie,
Nous avons su jouir des beaux jours de la vie,
Sans qu'aucun incident ait pu troubler jamais
De notre intimité les mutuels bienfaits.
Son caractère est noble et son âme élevée ;
Cent fois son amitié par moi fut éprouvée,
En nos jours d'insuccès ou de prospérité :
En lui tout est grandeur et générosité.

DE VALOMBREUSE.

Sévère pour toi-même, indulgent pour les autres,
Celant tes qualités pour ne voir que les nôtres,
Vainement tu voudrais me le faire admirer
Quand l'éloge sur toi se doit tout concentrer.

SAINT-PHAR.

Son amitié n'est point une amitié vulgaire.

DE VALOMBREUSE.

Pour qui fit tout pour lui pourrait-il donc moins faire?
Par mépris des emplois, quand ses refus formels
Osèrent résister aux ordres paternels,
Repoussé par les siens, à peu près sans ressource,
Tu lui tendis tes bras, tu lui donnas ta bourse;
Et, te jetant soudain entre son père et lui,
Auprès du vieux Dincourt tu devins son appui;
Et, du vieillard trois ans combattant la colère,
Triomphas à la fin des volontés du père,
Tandis qu'avec chaleur, soutenant ses essais,
De ses pièces toujours il te dut le succès.

SAINT-PHAR.

Ton dévoûment pour moi trop souvent t'exagère
Le peu qu'en sa faveur autrefois j'ai pu faire;
Et, s'il fallait compter, en faisant tout valoir,
Je lui devrais bien plus qu'il ne peut me devoir :
Alors que je perdis et ma mère et mon père,
Valombreuse, en Dincourt je trouvai plus qu'un frère.
Privé de leurs conseils, déjà trop peu suivis,
Il me sauva l'honneur par ses prudents avis :
D'un caractère ardent, trop facile peut-être,
Je ne sais pas toujours de moi-même être maître;
Par d'indignes amis pressé de toutes parts,
Je succombais.... s'il n'eût arrêté mes écarts.
Mais, me prêchant d'exemple autant que de langage,
Vers l'amour des vertus il poussa mon courage,
Et par ses qualités subjugua mes défauts :
Si je vaux quelque peu, c'est par lui que je vaux.

DE VALOMBREUSE.

De ton attachement je veux bien qu'il soit digne;
Mais l'est-il donc autant de ta faveur insigne?
Et de tous tes amis est-il le plus parfait?
Peut-être, moins heureux, parmi nous il en est
Dont l'amitié, Saint-Phar, est tout aussi certaine.

SAINT-PHAR.

Ton observation et m'étonne et me peine :
La même intimité, dont tu parais jaloux,
N'est-elle point aussi, Valombreuse, entre nous?
Sache me juger mieux. Pour être plus récente,
Ami, notre union n'en est pas moins puissante :
Longtemps tu me verrais hésiter aujourd'hui,
S'il fallait te quitter ou renoncer à lui.

Dincourt entre.

SCÈNE IV.

SAINT-PHAR, DINCOURT, DE VALOMBREUSE.

SAINT-PHAR.

Le voilà!

DINCOURT, en courant vers Saint-Phar, qui se jette dans ses bras.

Quel bonheur!

A Valombreuse, en lui donnant la main.

Bonjour, de Valombreuse.

SAINT-PHAR.

Enfin tu nous rejoins! Quelle cause fâcheuse
Si longtemps loin de nous a pu te retenir?

DE VALOMBREUSE.

Désespérant trop tôt de vous voir revenir,

Déjà je vous blâmais, et ne pouvais m'en taire.
DINCOURT.
Ah ! mes amis, pardon; mais j'étais près d'un père !
Et malgré mes désirs, si je reviens si tard,
La cause est seulement à ce digne vieillard.
A Saint-Phar.
Depuis que, grâce à toi, j'ai calmé sa colère,
Je me suis fait en tout la loi de lui complaire;
Et ce n'est qu'avant-hier qu'il a pu consentir,
En me pressant les mains, à me laisser partir.
« Va, me dit-il alors, ton ami doit t'attendre;
» A te garder toujours je ne saurais prétendre;
» Auprès de lui retourne, et dis-lui mes regrets
» De ne pouvoir moi-même aller voir vos succès. »
D'un double sentiment de tristesse et de joie,
A ces mots si touchants mon âme fut en proie.
J'hésitais, je l'avoue, à prendre mon parti;
Mais, par son ordre exprès, je suis enfin parti.
Et maintenant, Saint-Phar, maintenant, Valombreuse,
Il leur serre la main.
Après avoir promis à sa vieillesse heureuse
De retourner bientôt embrasser ses genoux,
Me voilà tout entier au bonheur d'être à vous !
DE VALOMBREUSE.
Sa libéralité s'est sans doute exercée ?
DINCOURT.
Sa bonté, cette fois, s'est encor surpassée :
Arrivé du jour même, entre mon frère et moi,
De toute sa fortune il a réglé l'emploi,
Ne réservant pour lui que le denier du sage.
A Saint-Phar.
Et ce bienfait, Saint-Phar, est encor ton ouvrage !

Mais, ami, parle-moi de toi, de tes tableaux,
De tes derniers projets, de tes succès nouveaux.
Sur tes divines *Sœurs*, dont les simples esquisses
Faisaient, à mon départ, ma joie et mes délices,
Des amis m'ont écrit quel est leur sentiment;
Mais du public j'ignore encor le jugement.
Sans doute, en ta faveur, sa voix s'est prononcée?

SAINT-PHAR.

Avant de te rien dire, il me faut ta pensée.
Dans ce but, je t'emmène au Musée avec moi.

DINCOURT.

Tu préviens mon désir, et je suis tout à toi.
A Valombreuse.
Madame de Volmar?

DE VALOMBREUSE.

Est toujours aussi belle.

DINCOURT.

Ses nièces?

SAINT-PHAR.

Avant peu l'emporteront sur elle.

DE VALOMBREUSE.

Ensemble de beauté, de grâce et d'enjoûment,
Non, jamais on ne vit de trio plus charmant.

SAINT-PHAR.

Avec elles, Dincourt, nous passons la soirée :
Aujourd'hui dans le monde Églé fait son entrée.
Encor quelques instants tu vas d'ailleurs les voir;
Elles seront sans doute heureuses de t'avoir
Avec elles au Louvre, où nous allons nous rendre.

DINCOURT.

De nos communs amis que pouvez-vous m'apprendre?

Saint-Léger?

DE VALOMBREUSE.

Saint-Léger, poursuivant ses projets,
Sans modèles toujours peint ses nombreux sujets.

SAINT-PHAR.

J'aimerais mieux le voir, servilement fidèle,
Reproduire un à un les défauts d'un modèle :
Il serait bon copiste, il est mauvais auteur.

DE VALOMBREUSE.

C'est faire peu de cas de son goût novateur.

SAINT-PHAR.

A moins qu'un sentiment aussi profond que tendre,
Par le cœur inspiré, des traits que l'on veut rendre
N'ait fortement en nous gravé le souvenir,
Ce moyen, selon moi, ne saurait réussir
Qu'aux esprits transcendants à qui vingt ans d'étude
De peindre la nature ont donné l'habitude.
Autrement on ne peut que marcher au hasard :
Créer en imitant est le secret de l'art.

DINCOURT.

Et Belcourt?

SAINT-PHAR.

Des Français sa pièce est retirée.

DE VALOMBREUSE, avec amertume.

Tandis qu'elle devrait de tous être admirée !
Contre lui ses rivaux ont uni leurs efforts :
Plus son génie est grand et plus grand sont ses torts.
S'il eût rampé comme eux, ils le mettraient aux nues.

SAINT-PHAR.

Ses grandes qualités de tous sont reconnues;

C'est l'abus qu'il en fait que chez lui l'on reprend :
C'est peu d'être hardi quand on peut être grand.

DINCOURT.

Mon amitié pour lui me permet de le dire :
Personne plus que moi ne l'aime et ne l'admire,
Et du soin de sa gloire ose être plus jaloux ;
Mais je suis obligé d'avouer, entre nous,
Qu'il a poussé trop loin le culte d'un système
Qu'il eût dû modérer et qu'on porte à l'extrême :
Si nos maîtres à tous, ces talents si parfaits,
Qu'on voudrait surpasser, qu'on n'atteindra jamais,
N'ont pas pris une route assez large, peut-être,
Est-ce donc un motif pour n'en plus reconnaître ?
Nous faut-il donc passer de l'un à l'autre excès,
Et briser follement ce qui fit leur succès ?
Si leur siècle est célèbre en immortels ouvrages,
Fameux sera le nôtre en orgueilleux naufrages.
Ils marchaient sensément, l'on court en étourdi ;
Ils étaient trop craintifs, et l'on est trop hardi.

SAINT-PHAR.

Belcourt, par ses beautés, couvre du moins ses fautes :
Son génie est puissant, sa verve est des plus hautes ;
Mais ses imitateurs n'ont pris que ses défauts.

DINCOURT.

Ils battent la campagne et par monts et par vaux,
Opposant à l'envi, par un esprit de secte,
A la belle nature une nature abjecte ;
Et, refusant d'ailleurs, dans leurs abus nouveaux,
Une larme à notre âme, une fleur aux tombeaux,
Ils ne savent, hélas ! qu'extraire de la boue
Des monstruosités que le cœur désavoue.

Si le crime est parfois au fond du cœur humain,
En nous est des vertus le siége souverain.

SAINT-PHAR.

Ne pouvant être beaux, ils se sont faits bizarres.

DINCOURT.

Ah! du moins leurs succès seraient beaucoup moins rares
Si, loin de n'écouter qu'un aveugle vouloir,
Des préceptes parfois ils sentaient le pouvoir.

DE VALOMBREUSE.

Les préceptes, pour moi, ne sont que des entraves
Que souffrent les poltrons, que renversent les braves.

SAINT-PHAR.

L'absolu dans les arts est cet esprit étroit
Qui, la balance en main, pèse tout de sangfroid,
Sans croire au feu sacré, que son cœur répudie.
Je plains donc un artiste à l'âme abâtardie
Qui craint de s'engager sans l'exemple d'autrui,
Dans la peur de se voir accuser d'être lui.
Mais des règles d'ailleurs je sais les avantages;
Je sais que la plupart sont la raison des âges.

DINCOURT.

Ce sont de bons avis, si ce ne sont des lois;
Et je les prise fort. Mais d'ailleurs je conçois
Qu'un esprit trop ardent parfois s'en affranchisse,
Q'en pleine liberté par moments il agisse,
Pourvu qu'en ses travaux, d'un noble zèle épris,
De ses bouillants excès des beautés soient le prix;
Et qu'entraîné surtout par l'ardeur qui l'enflamme,
Il embrase mon cœur en épurant mon âme.
Dans ses hardis élans, dans ses bonds répétés,

J'aime alors à nous voir à sa suite emportés....
Mais d'écarts incessants l'incessante manie
Tient de la déraison et n'est pas du génie.

DE VALOMBREUSE.

On pourrait là-dessus longuement discuter;
Mais Gersain, qui m'attend, me force à vous quitter.
A Dincourt, en lui faisant de la main un signe d'adieu.
Il va se réjouir de votre bienvenue.

SAINT-PHAR.

Valombreuse, entre nous c'est chose convenue,
Pour causer avec lui, pour fêter son retour,
Aujourd'hui tous les trois nous dînons chez Véfour.
A cinq heures, ici, veux-tu venir nous prendre?

DE VALOMBREUSE, en serrant la main de Saint-Phar.

Avant l'heure, chez toi, j'aurai soin de me rendre.

SCÈNE V.

SAINT-PHAR, DINCOURT.

SAINT-PHAR.

Te voilà donc, enfin!... J'avais besoin de toi,
De tes conseils.

DINCOURT.

Ah! parle et dispose de moi.

SAINT-PHAR.

De nouveau, cher Dincourt, je songe au mariage.

DINCOURT.

Madame de Volmar, lasse de son veuvage,
Consent-elle, à la fin, à répondre à tes vœux?

SAINT-PHAR.

J'aspire bien plutôt à former d'autres nœuds.

DINCOURT.

Quoi! Laure par Saint-Phar est oubliée?

SAINT-PHAR.

Écoute :
A la mort de mon père, il t'en souvient sans doute,
En ces lieux, appelé par mon oncle Saint-Phar,
J'y vis venir souvent madame de Volmar.
Déjà, depuis dix ans, avec la sœur aînée,
Mon oncle avait alors uni sa destinée.
Nous perdîmes, hélas! ma tante et son mari;
De Volmar à l'armée avait déjà péri.
Laure, en sa qualité de tante maternelle,
De ses nièces sans peine accepta la tutelle;
Et ce charmant hôtel, patrimoine commun,
Devint, au gré de tous, le séjour de chacun.
Dès lors, vivant tous deux dans la même demeure,
Doué d'un cœur aimant, la voyant à toute heure,
A l'âge où les désirs nous embrasent le sein,
De l'épouser, Dincourt, je formai le dessein.
A Laure, avec ardeur, je portai mes hommages;
Mais elle, qu'exaltaient ses nombreux avantages,
Heureuse du pouvoir qu'exercent ses attraits,
Crut devoir préférer, en ses brillants projets,
Les plaisirs du beau monde au bonheur de famille.
Fière de sa beauté, d'un esprit qui pétille,
Peu capable d'ailleurs d'un sentiment profond,
Bien que son cœur pourtant soit généreux au fond,
De l'empire des arts elle prit la couronne.
Encourageant chacun, sans distinguer personne,
Nos artistes en foule, en ses salons admis,

Furent ses courtisans bien plus que ses amis.
Nous suivîmes son char, esclaves de ses charmes ;
Et toi-même, un instant, tu lui rendis les armes.
DINCOURT.
J'admirai son esprit, ainsi que sa beauté ;
Mais je ne fus jamais par l'amour transporté :
Je savais tes projets ; d'ailleurs, en mariage,
Sans demander autant je voudrais davantage.
SAINT-PHAR.
Cette position d'un esprit généreux
M'aurait rendu bientôt tout à fait malheureux,
Si par bonheur, des arts la consolante flamme
N'eût, avec l'amitié, dédommagé mon âme.
C'est depuis ton départ surtout que j'ai pu voir
Combien je me berçais d'un chimérique espoir :
Au besoin de briller tout entière livrée,
De sa cour en tous lieux elle était entourée ;
Quoiqu'éloigné du but m'en croyant souvent près,
Plus j'avais de rivaux, plus je tins au succès.
Mes impuissants efforts, au gré de son attente,
Ne faisaient qu'exciter sa vanité contente ;
Et, quand je voulais rompre, un souriant accueil
Ranimait mes désirs en flattant mon orgueil.
Mes chaînes un moment redevenaient légères.
Mais je me suis lassé de ces faveurs amères :
Instruit par la souffrance, à la fin j'ai compris
Combien dans ses desseins mon cœur s'était mépris ;
Et de ce vain amour, mon âme détrompée,
Est d'un amour tout autre à cette heure occupée.
Oui, sans Laure aujourd'hui je prétends au bonheur.
DINCOURT, avec intérêt.
Et quel est, dis-le moi, l'objet de ton ardeur ?

SAINT-PHAR.

Celle que je voudrais à mon sort voir unie,
Tu la dois deviner, Dincourt, c'est Léonie !

DINCOURT, avec exclamation.

Léonie ! as-tu dit ?

SAINT-PHAR.

Blâmerais-tu mon choix ?

DINCOURT, se remettant un peu.

A Dieu ne plaise !...

SAINT-PHAR.

Il n'est sur elle qu'une voix ;
Car tout en sa personne et plaît, et flatte, et touche ;
Et cent fois son éloge est sorti de ta bouche.

DINCOURT.

Elle en est digne en tout : son heureux naturel,
Que féconda douze ans l'exemple maternel,
Des erreurs de sa tante a préservé son âme.

SAINT-PHAR.

J'aime que, comme toi, le goût du beau l'enflamme.
Ses talents sont parfaits.

DINCOURT.

Et son cœur plus encor.

SAINT-PHAR.

Aussi je brûle, ami, d'obtenir ce trésor.

DINCOURT, avec hésitation.

Tes vœux lui sont connus... et sans doute elle t'aime ?

SAINT-PHAR.

Mes soins seuls ont parlé ; sa réserve est extrême.
A ceux qui, cet hiver, se pressaient sur ses pas

Et vantaient son esprit, en prônant ses appas,
Je crois bien, entre nous, que son cœur me préfère;
Mais est-ce de l'amour? Si parfois je l'espère,
Je n'ose m'en flatter; et voilà mon souci.
Madame de Volmar me préoccupe aussi :
J'appréhende, en parlant, d'exciter sa colère;
Et son assentiment m'est pourtant nécessaire :
Je dois la ménager et pour elle et pour moi.

DINCOURT.

L'intérêt de sa nièce en fait aussi la loi.
Bien que Léonie ait, dit-on, quelque fortune,
N'ayant, de ton côté, qu'une aisance commune,
Tu ne saurais songer à la voir renoncer
A celle que sa tante un jour devra laisser.

SAINT-PHAR.

Va, je tiens d'autant plus à conserver la sienne
Que l'on m'a vu parfois trop prodiguer la mienne;...
Et depuis ton départ j'ai joué quelque peu;
Or le bien rarement s'accroît avec le jeu....
Mais il m'en reste assez pour que je puisse encore
Prétendre avec honneur à celle que j'adore.
Sur mes projets d'hymen, plus fort par ton appui,
Je veux m'entretenir avec Laure aujourd'hui;
Et si trop d'insistance à son courroux m'expose,
Auprès d'elle, Dincourt, tu plaideras ma cause.
A Léonie aussi dévoilant mon amour,
Je compte demander son amour en retour;
Et pour l'y préparer, tu pourrais....

DINCOURT, avec saisissement.

Moi!

SAINT-PHAR, avec surprise.

Toi-même.

DINCOURT.

Mais....

SAINT-PHAR.

Alors qu'il s'agit de mon bonheur suprême,
Dincourt à me servir pourrait-il hésiter?

DINCOURT.

Hésiter!...
Après une pause.
Oh! non, non; sur moi tu peux compter.
Que faut-il faire? dis. La chose est délicate.

SAINT-PHAR.

Un amant est aveugle, et souvent il se flatte
Ou tremble sans raison; le concours généreux
D'un ami vigilant, protecteur de ses feux,
L'éclaire ou l'encourage; et le succès qu'il rêve
Par leurs soins réunis se poursuit et s'achève.
Si malgré donc, ami, mes amoureux efforts,
Et le brûlant aveu de mes pressants transports,
Léonie opposait quelque obstacle à ma flamme,
Toi qui connais son cœur, toi qui connais mon âme,
Toi qui te plais surtout à faire des heureux,
Tu la déciderais à recevoir mes vœux.
Mais voici le moment de nous rendre près d'elle;
Viens voir, mon cher Dincourt, viens voir comme elle est belle.
Il se dirige vers les appartements de madame de Volmar.

DINCOURT.

Ah! je n'en doute pas!

SAINT-PHAR.

D'ailleurs, à ton retour,
Tu dois être pressé de lui faire ta cour.

DINCOURT, à part.

Je l'étais!

SAINT-PHAR.

Elle-même, après ta longue absence,
Ne te reverra point avec indifférence.

DINCOURT, à part.

Encore ce matin c'était là mon espoir !
Et maintenant !...

SAINT-PHAR.

Viens donc, viens.
Il entre chez madame de Volmar.

SCÈNE VI.

DINCOURT, seul.

Ah ! cruel devoir !..
Après une pause.
Mais.... si j'étais aimé?... j'en serais plus à plaindre !...
Loin de le désirer, je dois plutôt le craindre....
Après une nouvelle pause.
Et pourtant.... et pourtant.... si j'étais préféré !...
Fais, grand Dieu ! que je sois noblement inspiré !
Il passe à son tour chez madame de Volmar et le rideau tombe.

ACTE DEUXIÈME.

SCÈNE PREMIÈRE.

LÉONIE, ÉGLÉ.
(Elles sont assises aux deux côtés de la table.)

LÉONIE.

Ses tableaux ne sont pas les seuls qui sachent plaire :
Notre sexe en peinture, et la preuve en est claire,
Des faveurs du public sait prendre aussi sa part;
Et pour celles, ma sœur, auxquelles ce bel art
Inspira ses secrets, chère Églé, quelle gloire
D'oser même à Saint-Phar disputer la victoire!

ÉGLÉ.

Encor quelques efforts, encor quelques essais,
Et tu pourras toi-même aspirer aux succès.
Presque avec certitude on pourrait le prédire.

LÉONIE, d'un ton d'amitié.

Méchante!

ÉGLÉ.

Non, ma sœur, c'est certain.

LÉONIE.

Tu veux rire
A mes dépens.

ÉGLÉ.

Du tout.

LÉONIE.

Oh! si fait.

ÉGLÉ.

Non, ma foi.
C'est Saint-Phar qui le dit; il s'y connaît, je crois :
Pour réussir tu n'as qu'à le vouloir.

LÉONIE.

Va, cesse
D'exciter un désir qui trop déjà me presse.
A la célébrité n'arrive point qui veut :
Mille l'essaient, dit-on, pour un seul qui le peut.

ÉGLÉ.

C'est aussi pour cela qu'il est beau d'y prétendre !
En se levant.
Veux-tu que, de concert, nous osions l'entreprendre?

LÉONIE.

Oh ! tu rêves, Églé.

ÉGLÉ, *en se rapprochant de sa sœur.*

Non, je parle raison.
C'est chez moi, Léonie, une démangeaison
Que je veux contenter.

LÉONIE.

Cette idée est risible.

ÉGLÉ.

Est-ce donc, à ton sens, une chose impossible?

LÉONIE.

Impossible, non pas... mais la tenter, je crois,
Est folie !
En se levant à son tour.
Et pourtant.... comme toi.... bien des fois....

De projets en projets promenant ma pensée,
De cette illusion mon âme s'est bercée.
Et comment s'en défendre, alors que sous nos yeux
Tous nos premiers talents se pressent en ces lieux !
Pourrait-on contempler cette troupe d'élite
Sans vouloir pour soi-même un peu de leur mérite ?

ÉGLÉ.

Tu le vois, mon idée a du bon.... Essayons.

LÉONIE.

Quoi ! vraiment ?

ÉGLÉ.

Je t'en prie.

LÉONIE, avec un sourire.

En quel genre ?

ÉGLÉ.

Voyons.

LÉONIE, sur le ton d'une aimable plaisanterie.

Voyons : veux-tu, prenant le dieu du goût pour guide,
Comme Taglioni, ravissante sylphide,
Rivale des Noblets, émule des Elslers,
Faire parler la danse en parcourant les airs ?

ÉGLÉ.

Je dois te l'avouer, j'aime beaucoup la danse ;
Mais cet art-là, ma sœur, nous condamne au silence,
Et se taire est cruel ! N'est-ce pas ton avis ?

LÉONIE.

Tout bien examiné, ton motif a son prix....
Alors aimes-tu mieux, à l'instar de ma tante,
Mariant avec art, sous ta touche brillante,
Aux chants mélodieux, d'harmonieux accords,

D'une voix inspirée exciter nos transports?

ÉGLÉ.

Ma tante sur ce point a la prééminence;
Ce serait mal à nous de faire concurrence.
N'est-ce pas?

LÉONIE.

   C'est trop juste. Eh bien! veux-tu plutôt
Être Alboni, Pasta, Malibran ou Viardot?

ÉGLÉ.

Je ne l'ose.

LÉONIE.

  En effet, trop forte est la partie.

ÉGLÉ.

Non pas précisément.

LÉONIE, d'un ton légèrement ironique.

   Non?... Quelle modestie!

ÉGLÉ.

Si ce n'était chanceux, mon Dieu, ce serait bien :
Mais vienne un accident, il ne reste plus rien.
Des accidents, dit-on, fort long est le chapitre.

LÉONIE, reprenant le ton de la plaisanterie.

Aux faveurs du public quel serait donc ton titre?

ÉGLÉ, d'un air de confidence.

Là-dessus, Léonie, écoute mon dessein,
Tel qu'au théâtre, hier, il germa dans mon sein.
C'est après examen que je m'y suis fixée;
Il a, toute la nuit, occupé ma pensée :
Oui, si tu m'approuvais, nous ferions un appel
Au grand art des Dorval, de Mars ou de Rachel.

LÉONIE.

Et sans doute ton choix serait la tragédie?

ÉGLÉ.

Oh! non; j'aimerais mieux pour moi la comédie.

LÉONIE.

Au fait, ce serait bien.

ÉGLÉ, avec satisfaction.

Moi, je le crois aussi.
Je serais Anaïs et tu serais Plessy.
Tu dirais bien le mot et moi la répartie.

LÉONIE.

Bon! moi-même je suis aussi de la partie.

ÉGLÉ.

Dans mes projets toujours je te mets de moitié.

LÉONIE.

Je reconnais bien là, ma sœur, ton amitié.

ÉGLÉ.

Désireuse de plaire et de charmes parée,
Je crois me voir déjà, par la gloire inspirée,
Unissant, dans un jeu plein de verve et de sel,
L'esprit à la gaîté, la grâce au naturel,
Captiver à la fois les cœurs et les hommages,
Et d'un public d'élite enlever les suffrages.
M'y vois-tu, Léonie?

LÉONIE, continuant à plaisanter.

Oui, je t'y vois d'ici.
Le public, à mon tour, m'applaudirait aussi.

ÉGLÉ.

Sans doute.

LÉONIE.

Et, par la joie, attendri jusqu'aux larmes,
De cet accueil flatteur redoublerait les charmes.

ÉGLÉ.

De ses faveurs toujours on nous verrait l'objet.

LÉONIE.

Oh! toujours.

ÉGLÉ, avec joie.

Quel bonheur! quel excellent projet!

LÉONIE.

Excellent!

ÉGLÉ.

Là, conviens avec moi qu'il te tente.

LÉONIE.

Certainement, Églé, ton idée est charmante.
Je l'avoue....

D'un air sérieux.

Et pourtant la peinture et les vers
Me plairaient davantage à des titres divers.

ÉGLÉ, d'un ton contrarié.

Pourquoi donc?

LÉONIE.

Ton projet, je me trompe peut-être,
Me semble trop donner au désir de paraître :
La gloire pour son nom, l'obscurité pour soi,
Est le conseil du sage.

Avec entraînement.

Ah! quel bonheur pour moi,
Si je pouvais jamais, dans une humble retraite,
L'amitié pour compagne et l'âme satisfaite,
A l'auteur de Lucrèce empruntant ses pinceaux,

Des vertus de la femme esquisser les tableaux !
Et, dans ma loge obscure, en un coin retirée,
Savourer, sans témoins, l'honneur de la soirée !...
Et grâce à mes écrits, passant de mains en mains,
Prendre un rang distingué parmi nos écrivains,
Certaine qu'après moi, ces titres de ma gloire,
D'âge en âge toujours garderaient ma mémoire !
Oh ! ce serait superbe !

ÉGLÉ, tristement.

Hélas !

LÉONIE, avec étonnement.

Quoi !

ÉGLÉ.

Par malheur,
Ce superbe projet n'est qu'un rêve, ma sœur.

LÉONIE.

Le crois-tu ?

ÉGLÉ.

Tu fais là des châteaux en Espagne.

LÉONIE, avec un soupir.

A chacun à son tour à battre la campagne !...
Que veux-tu ? la pensée est sujette aux écarts,
Et surtout à Paris, et surtout dans les arts :
Par l'exemple, à notre âge, en ces lieux travaillées,
Pourrions-nous éviter de rêver, éveillées ?...
Par bonheur la raison sait prendre le dessus,
Et fait bon compte alors des projets mal conçus.
Églé, rendons-en grâce à notre digne mère,
Aux conseils si parfaits d'une tête si chère :
Souvenons-nous toujours de cette vérité :
Le bonheur d'une femme est dans l'obscurité.

Et, malgré les plaisirs dont le monde fourmille,
Il n'est qu'un bonheur vrai, le bonheur de famille.
Elle s'assied.

ÉGLÉ.

Que n'as-tu, dans ce cas, déjà pris un époux ?
Elle s'assied aussi.

LÉONIE.

Trouve-moi le mari qui convienne à mes goûts,
Je l'accepte.

ÉGLÉ.

Ma tante en ses salons rassemble
De quoi fixer ton choix, en tout genre, ce semble.

LÉONIE.

Je ne dirais pas non, si je pouvais choisir
Entre tous. Mais, Églé, s'il fallait m'en tenir
A ceux qui, cet hiver, semblaient vouloir me plaire,
Peut-être serais-tu d'un avis tout contraire :
Prendrais-je, par exemple, un fat de Voronseul,
Qui soutient qu'il m'adore et n'aime que lui seul ?

ÉGLÉ.

Non.

LÉONIE.

Préval, qui voudrait passer pour virtuose,
Et dont tout le talent est moins que peu de chose?

ÉGLÉ.

Non plus.

LÉONIE.

De Saint-Hilaire, esprit futile et vain,
Qui fit un feuilleton et se croit écrivain ?
Ou d'autres leurs pareils, dont la foule importune
En voudrait à mon cœur pour avoir ma fortune ?

ÉGLÉ.

Pas davantage.

LÉONIE.

Eh bien, donnerais-je ma main
A l'emporté Florville, au doucereux Gersain,
Qui, notaire évincé pour des prêts usuraires,
Pour ne pas déroger s'est fait agent d'affaires,
Et parviendra sans peine à doubler son trésor,
En brocantant, dit-on, l'argent au prix de l'or?

ÉGLÉ.

Dieu t'en garde, ma sœur.

LÉONIE.

Serais-je plus heureuse
D'aller, chez nos auteurs, choisir de Valombreuse?
Vivant encor naguère avec des intrigants,
Sous les brillants dehors des jeunes élégants
Qui, pour suivre la mode, ont pris des goûts d'artiste,
Cet ami de Saint-Phar cache un cœur égoïste.

ÉGLÉ, avec malice.

D'accord. Mais loin du vrai, soit dit sans te fâcher,
Pour ne rien découvrir tu te plais à chercher.

LÉONIE.

Comment cela?

ÉGLÉ.

Ma sœur, je m'entends.

LÉONIE.

Mais encore?

ÉGLÉ.

Mais encore!... Entre nous, crois-tu que je l'ignore?

LÉONIE.

Quoi donc?

ÉGLÉ.

Quoi donc?

LÉONIE.

Oui.

ÉGLÉ.

Mais.... que ton cœur ait parlé!

LÉONIE.

Tu te trompes....

ÉGLÉ, avec finesse.

Non.

LÉONIE.

Si.

ÉGLÉ, avec un signe de tête.

Non.

LÉONIE, avec impatience.

Si, te dis-je ; Églé, Finis.

Elle se lève et s'éloigne de sa sœur.

ÉGLÉ, en la suivant.

Là, franchement, tu ne peux t'en défendre ;
Mieux que moi tu le sais : ton cœur s'est laissé prendre.

LÉONIE.

Encore, Églé! c'est mal.

A part, en s'éloignant d'Églé davantage.

Ainsi me tourmenter!

ÉGLÉ, courant vers Léonie.

Tu te fâches!

LÉONIE.

Très-fort.

ÉGLÉ, d'un air caressant.

Je voulais plaisanter.

Calme-toi ; là, voyons : mon histoire est un conte ;
Ne t'en courrouce point ; et parfois sur ton compte
Si mon esprit léger cherche à rire, crois-moi,
Mon cœur au fond toujours n'en est pas moins pour toi.

LÉONIE, d'un ton encore un peu fâché.

Soit. Mais, à l'avenir, modère un peu ta verve.

ÉGLÉ.

Avec toi, je le vois, il faut de la réserve.

Avec finesse.

Tu le veux ? j'en mettrai.

D'un air caressant.

Mais sois-moi bonne sœur ;
Fais grâce à ma jeunesse, et connais mieux mon cœur.

Elle prend la main de sa sœur, qui l'embrasse sur le front.

Si tu savais le bien que pour toi je souhaite !....
Ma sœur, pensais-je hier, se plaît dans la retraite ;
Je lui veux un époux aux nobles sentiments,
Modèle des maris autant que des amants ;
L'un et l'autre à la fois ; ce n'est pas trop pour elle....
Pour elle, Léonie, et si bonne et si belle !

LÉONIE.

Ce choix me paraît bien.

ÉGLÉ.

Ce choix vaudrait de l'or.

LÉONIE.

Mieux même, à mon avis.

ÉGLÉ.

De plus, pensais-je encor,
Il faut qu'il soit artiste.

LÉONIE.

Ah ! j'en conviens sans peine.

ÉGLÉ.

Admiré du public ; et surtout à la scène.

LÉONIE.

Cher au dieu des beaux arts par ses travaux divers.

ÉGLÉ.

Connu dans plus d'un genre et fameux par ses vers.

LÉONIE.

Mais plutôt qu'un autre art, pourquoi la poésie?

ÉGLÉ.

A l'instant, devant moi, ne l'as-tu pas choisie?

LÉONIE, avec une joie contenue.

Après.

ÉGLÉ.

Ma sœur, heureuse en son obscurité,
Des succès qu'il aurait tirerait vanité.

LÉONIE, avec entraînement.

Exister de son nom et vivre de sa gloire
Est mon vœu le plus doux ; Églé, tu peux m'en croire.

ÉGLÉ, vivement et avec finesse.

Dès lors je l'ai trouvé.

LÉONIE, d'un air fâché, en retirant sa main.

Vas-tu recommencer?
Prends garde : pour le coup ce serait m'offenser.

ÉGLÉ, d'un ton grave.

Mais non; comprends-moi donc : je poursuivais mon thème.

LÉONIE.

C'est différent.

ÉGLÉ, reprenant son air caressant.

Toujours me parlant à moi-même,

Je me disais enfin : cet ami dévoué,
Cet auteur favori, du public avoué,
Ce tendre amant...
LÉONIE.

Eh bien?

ÉGLÉ, en regardant sa sœur.

C'est Dincourt qu'on le nomme.

LÉONIE, vivement.

L'ai-je dit ?
ÉGLÉ.

Mon Dieu, non ; mais c'est vraiment tout comme :
Tes yeux me l'ont appris...
Avec amitié.

Va, ne crains rien de moi.

LÉONIE, avec abandon.

C'est lui-même, en effet ; j'en conviens avec toi.
Tout mon cœur est si plein qu'il ne peut y suffire ;
Et je me reprochais de n'oser te le dire.
ÉGLÉ, d'un air de confidence.

Il sera ton époux.
LÉONIE, en soupirant.

Ah ! ce n'est pas prouvé.

Avant qu'il ne partît je l'avais observé,
Et croyais qu'il m'aimait... mais je doute qu'il m'aime.
Mon espoir était grand... et ma crainte est extrême :
Tandis que mon cousin me prodiguait ses soins,
N'avons-nous pas été tout à l'heure témoins
Du peu d'empressement qu'il mettait à me suivre ?
Je ne retrouvais plus son parfait savoir-vivre :
S'il quittait un instant madame de Volmar,
C'était pour me parler du talent de Saint-Phar.

Avec tristesse.

Rien de moi... rien de lui....

ÉGLÉ.

Va, si je ne m'abuse,
Dans sa discrétion se trouve son excuse,
Et tu pourrais bientôt entendre son aveu....

LÉONIE, *avec saisissement.*

Son aveu!...

Avec un soupir.

Je ne sais....

En souriant.

J'espère encore un peu.

Dincourt apparaît dans le fond.

ÉGLÉ.

Eh! tiens, le voilà.

LÉONIE.

Lui!

ÉGLÉ.

Que disais-je?

LÉONIE, *à demi-voix.*

Ah! silence.

SCÈNE II.

DINCOURT, LÉONIE, ÉGLÉ.

DINCOURT.

En passant chez Saint-Phar, je crains que ma présence
Ne trouble de deux sœurs l'amical entretien.

LÉONIE.

Du tout; nous achevions.

ACTE DEUXIÈME.

ÉGLÉ.

A part. Et vous ne troublez rien.
Au contraire, je crois.

LÉONIE.

De votre exactitude,
On le voit, vous avez conservé l'habitude.

ÉGLÉ.

L'exactitude est sœur de la fidélité.

LÉONIE.

Et dans les beaux-arts même est une qualité.

ÉGLÉ.

C'est l'avis de Saint-Phar.

LÉONIE.

De votre ami fidèle.

DINCOURT.

D'un ami de quinze ans, mon guide et mon modèle,
Dont le besoin du vrai, comme l'amour du beau,
En toute circonstance anime le pinceau.

ÉGLÉ.

Dans son nouveau sujet des *Trois Sœurs*, par exemple,
Que le public, au Louvre, incessamment contemple,
J'admire avec quel art, avec quels soins parfaits,
Il a pu, de mémoire, exprimer nos portraits.

LÉONIE.

De cette ressemblance à bon droit l'on s'étonne.

ÉGLÉ.

C'est en tout notre tante et nous deux en personne.

LÉONIE.

Et tel est le pouvoir de son rare talent,

Que tout semble inspiré quand tout est ressemblant.
DINCOURT.
Oh! ce n'est encor là que son moindre mérite :
Puissant génie, il crée encor mieux qu'il n'imite ;
Car c'est un beau sujet que celui de trois sœurs
Protégeant les beaux-arts, en captivant les cœurs,
Et, par l'effet sacré de leurs divins prestiges,
Des mains d'un jeune artiste obtenant des prodiges,
Et forçant les talents, qui naissent à leur voix,
A s'immortaliser pour mériter leur choix.
LÉONIE.
Je croyais le génie un don de la nature.
ÉGLÉ.
Un don du Créateur envers sa créature.
LÉONIE.
Un sentiment inné qu'à l'homme transcendant
Dieu seul peut accorder.
DINCOURT.
Sans doute; et cependant
La scène, par Saint-Phar si brillamment tracée,
N'en rend pas moins au fond une grande pensée :
Si l'homme de génie en lui porte en naissant
De l'esprit créateur le souffle tout-puissant,
Son sublime talent souvent ne se révèle
Qu'au feu des passions que son âme recèle.
ÉGLÉ.
Et, dans ces passions dominent avant tout
Le besoin des succès, l'ambition surtout?
DINCOURT.
Il en est une encore à mes yeux plus féconde

Que la soif des grandeurs et des honneurs du monde :
Si des faveurs des grands des chefs-d'œuvre sont nés,
Les plus beaux par l'amour ont été moissonnés.

ÉGLÉ, à part.

Très-bien ! nous y voilà.

LÉONIE.

Mais j'avais lieu de croire
Que l'artiste avant tout existait pour la gloire.

DINCOURT.

Du pouvoir dont je parle on voit partout l'effet :
Saint-Phar en est la preuve au tableau qu'il a fait.

ÉGLÉ.

Vraiment ?

DINCOURT, aux deux sœurs.

Pour son tableau c'est vous qu'il a choisies.

ÉGLÉ, d'un ton d'indifférence.

Caprice de cousin.

LÉONIE, sur le même ton.

Ou pures fantaisies
D'un artiste exercé qui, sûr de son talent,
Joue avec sa mémoire au portrait ressemblant.

DINCOURT.

Rarement un chef-d'œuvre est le fruit d'un caprice,
Feu follet d'un moment, sans force créatrice.

ÉGLÉ.

Pourtant, cela s'est vu.

DINCOURT.

Je n'en disconviens point;
Mais bien plutôt d'ailleurs je croirais, sur ce point,

4.

Qu'un sentiment puissant, qu'un sentiment suprême
A pu seul l'élever au-dessus de lui-même ;
Et que, chez lui, s'il faut m'exprimer sans détour,
Le besoin de la gloire est un besoin d'amour.

ÉGLÉ, étourdiment.

Et quel en est l'objet ?

LÉONIE, vivement.

Quant à moi, je l'ignore.

ÉGLÉ.

Ce n'est pas moi, pour sûr : je suis trop jeune encore.

DINCOURT.

A Saint-Phar appartient le secret de ses vœux ;
Mais ce que je puis dire en faveur de ses feux,
C'est qu'au monde jamais une plus noble flamme
Ne rayonna, je crois, dans une plus belle âme.

LÉONIE, bas à sa sœur, avec anxiété.

Où veut-il en venir ?

ÉGLÉ, bas à Léonie.

Il veut nous éprouver.

Haut, à Dincourt, d'un ton décidé.

Ma tante, évidemment, ne pouvait mieux trouver.

A part, d'un air de satisfaction.

S'il prétend nous sonder, nous soutiendrons l'épreuve ;
Il ne faut pas encor que ma sœur s'en émeuve.

DINCOURT.

Je n'ai nommé personne.

ÉGLÉ.

Oh ! je le sais fort bien ;
Mais j'ai su deviner, et je n'y change rien.

ACTE DEUXIEME.

LÉONIE.

Franchement, je voudrais vous croire sur parole ;
Mais aux femmes, vraiment, c'est faire un trop beau rôle.

DINCOURT.

Plus il est beau pourtant et plus il leur convient ;
Plus digne il est de vous.

ÉGLÉ, à part, avec un soupir de satisfaction.

A la fin, il y vient !

DINCOURT, aux deux sœurs.

Est-ce à vous d'en douter ?

LÉONIE.

A nous plus qu'à toute autre.

DINCOURT.

Du public, sur ce point, l'avis n'est pas le vôtre.

ÉGLÉ.

Libre à nous de penser différemment que lui.

LÉONIE.

Non, les femmes n'ont plus ce pouvoir aujourd'hui.

DINCOURT, en s'animant progressivement.

Aux femmes, croyez-moi, rendez plus de justice ;
Elles seules encor nous font entrer en lice ;
Elles seules encor possèdent le pouvoir
D'inspirer nos efforts en doublant notre espoir.
Un mot d'elles toujours électrise et féconde ;
Toujours leur volonté fait la règle du monde !
Il n'est pas un artiste, il n'en sera jamais
Qui de leurs droits sur lui n'atteste les effets !...
Et qui donc ne voudrait, favori de la gloire,
Recevoir de leurs mains le prix de la victoire !

Qui donc ne serait fier de mettre à vos genoux
Des succès obtenus en travaillant pour vous !
Qui donc, pour vous complaire, au gré de son envie,
Soudain, avec bonheur, ne donnerait sa vie!!...

ÉGLÉ, entraînée par la joie.

Bravo!...

Valombreuse entre, suivi de Saint-Phar.

SCÈNE III.

SAINT-PHAR, DINCOURT, DE VALOMBREUSE,
LÉONIE, ÉGLÉ.

DE VALOMBREUSE, à part, à demi-voix,
en observant Dincourt.

C'est clair.

SAINT-PHAR.

Quel feu Dincourt met en parlant !

DINCOURT, à part, revenant de son entraînement.

Grand Dieu!... qu'allais-je faire?... Ah! j'en suis tout tremblant !

DE VALOMBREUSE, à part.

Je m'en doutais.

SAINT-PHAR, à Dincourt, en le regardant avec étonnement.

D'où vient le trouble qui t'agite?

ÉGLÉ, d'un ton caressant, en courant à Saint-Phar.

Avec nous il causait..., et son sujet l'excite.,..
A l'instant, mon cousin, il nous parlait de vous.

SAINT-PHAR.

De moi, ma chère enfant?

ÉGLÉ, d'un ton affirmatif.

Oui, de vous!

A part.

Et de nous.

DINCOURT.

La cause que j'avais était belle à défendre.

LÉONIE.

Et son noble langage à la hauteur de rendre
Ce qu'il sentait si bien.

ÉGLÉ.

J'aime qu'on parle ainsi.

SAINT-PHAR.

Le langage de l'âme a droit de plaire ici.

ÉGLÉ.

Qui dit avec chaleur se peint avec franchise.

LÉONIE.

Parler suivant son cœur fut toujours ma devise....
Mais, Églé, voici l'heure, et nous devons rentrer.

ÉGLÉ.

Pour le bal de ma tante il faut nous préparer.

LÉONIE, aux trois amis.

Soyez-y des premiers.

DE VALOMBREUSE.

C'est toute notre envie.

SAINT-PHAR.

C'est Églé que l'on fête....

En regardant Léonie.

Et tout nous y convie.

ÉGLÉ, à Dincourt.

Vous nous ferez danser.

DINCOURT.

De grand cœur.

LÉONIE, aux trois amis.

A ce soir!

SAINT-PHAR, à Léonie qui sort.

A ce soir !

ÉGLÉ, à Saint-Phar, avec un air de recommandation.

De bonne heure!

A Valombreuse, sur le ton de la politesse.

A bientôt !

A Dincourt, avec abandon.

Au revoir !

Le rideau tombe.

ACTE TROISIÈME.

SCÈNE PREMIÈRE.

GERSAIN, MADAME DE VOLMAR.
(Madame de Volmar est assise ; le salon est éclairé.)

GERSAIN, d'un air patelin.

De vos billets, je crois, c'est demain l'échéance ;
Le prêteur tient beaucoup au taux de sa créance ;
Il est temps d'y songer.

MADAME DE VOLMAR, avec un dédain mêlé d'ironie.

Vous y songez aussi.

GERSAIN, en s'inclinant.

A vos ordres toujours, tout exprès me voici.

MADAME DE VOLMAR.

Pour vous c'est méritoire.

GERSAIN.

Et que comptez-vous faire ?

MADAME DE VOLMAR.

Mais, par vos soins, je pense, arranger cette affaire.

GERSAIN.

Vous avez de l'argent ?

MADAME DE VOLMAR.

Vous en avez pour moi.

GERSAIN.

J'en manque absolument.

MADAME DE VOLMAR.

Laissez donc.

GERSAIN.

Si, ma foi!

MADAME DE VOLMAR.

Ce n'est pas ce qu'on dit.

GERSAIN.

Avec un soupir. On se trompe sans doute :
A joindre les deux bouts tous les ans il m'en coûte.

MADAME DE VOLMAR, avec un soupir ironique.

Je vous plains!... Mais du moins, en notaire obligeant,
Vous saurez m'en trouver.

GERSAIN.

Procurer de l'argent
N'est pas, pour le moment, une chose facile.

MADAME DE VOLMAR.

Motif de plus pour vous de vouloir m'être utile.

GERSAIN.

C'est aussi le désir d'un serviteur soumis.
Mais je crois qu'il faudrait..., si l'avis m'est permis,
Plutôt que d'emprunter, aliéner, ce semble,
Enghien séparément, Auteuil et Rose ensemble.

MADAME DE VOLMAR.

Doucement, s'il vous plaît, je tiens à les garder.

GERSAIN.

C'est un avis que j'ouvre..., à vous de décider....

Les produits en sont nuls, leur entretien ruine ;
Et vous auriez d'Enghien, à ce que j'imagine,
Cent mille francs comptant... payables en bon or.

MADAME DE VOLMAR, avec une ironie marquée.

Tout autant !

GERSAIN.

A peu près.

MADAME DE VOLMAR.

Pourtant, hier encor,
On m'en offrait le double.

GERSAIN.

Était-ce une personne...
Bien solvable ?

MADAME DE VOLMAR.

Sans doute.

GERSAIN.

Alors cela m'étonne.
Je n'ai pas, il est vrai, les actes devant moi ;
Mais, de suite, à ce taux, j'eusse vendu, je croi.
Mieux vaut moins de biens-fonds et des rentes plus nettes ;
On s'enrichit, dit-on, en acquittant ses dettes.

MADAME DE VOLMAR.

Mais non pas en vendant son bien à moitié prix.

GERSAIN, avec un rire forcé.

Cela se voit souvent, notamment à Paris.

D'un air sérieux.

Rien d'ailleurs n'y contraint.... Si je parle de vendre,
C'est au prix seulement auquel on peut prétendre.

MADAME DE VOLMAR.

J'aime mieux, quant à moi, recourir aux emprunts.

Les moments pour cela doivent être opportuns.

GERSAIN.

On le dit, je le sais ; mais on trompe le monde.

MADAME DE VOLMAR.

A la Bourse, à présent, l'argent pourtant abonde.

GERSAIN.

Les moments néanmoins ne sont pas des meilleurs :
Plus il abonde là, plus il est rare ailleurs.

MADAME DE VOLMAR.

N'importe : ce moyen me paraît préférable.

GERSAIN.

Je le crois onéreux.

MADAME DE VOLMAR.

Je le crois convenable.

GERSAIN.

Je ne vois point, hélas ! comme vous en ceci ;
Mais, si vous le voulez, je le veux bien aussi.
Alors vous souscrirez les billets nécessaires,
Dussent les intérêts ne pas être ordinaires.

MADAME DE VOLMAR.

Soit.

GERSAIN.

On pourrait plutôt, de vos nièces, d'abord
Négocier les fonds.

MADAME DE VOLMAR, avec force.

Jamais.

GERSAIN.

Vous avez tort...,
Ce semble.... Assurément ces fonds vous appartiennent ;

ACTE TROISIÈME.

Pour vos soins et vos frais, ensemble ils vous reviennent.
C'est un droit bien connu des tuteurs.

MADAME DE VOLMAR.

C'est égal.
Le moyen me déplaît.

GERSAIN.

Il est d'ailleurs légal.

MADAME DE VOLMAR, avec une certaine émotion.

Légal ou non, le droit pour moi c'est la droiture,
Et la loi ne m'est rien, au prix de la nature :
En recevant chez moi les enfants de ma sœur,
Je n'ai fait qu'acquitter une dette du cœur.
Leurs soins me paient des miens : je n'ai rien à prétendre ;
Et, même à cet égard, j'aurais peut-être à rendre.
A Dieu ne plaise donc que je touche à leur bien.
Et fonds et revenus, sans en excepter rien,
Je veux tout leur remettre, au moment de leurs noces.

Avec mépris.

L'agio me répugne et je hais les négoces.

GERSAIN, après s'être incliné.

Les titres sont tout prêts, pour l'une et l'autre dot.
Dès demain s'il les faut....

MADAME DE VOLMAR.

Demain n'est pas le mot.

GERSAIN.

Cela dépend de vous.

MADAME DE VOLMAR.

Et d'elles plus encore.

GERSAIN.

Leurs choix sont faits, dit-on ?

MADAME DE VOLMAR.

C'est là ce que j'ignore.

GERSAIN.

Les maris, à coup sûr, ne sauraient leur manquer :
Esprit, grâce et beauté, tout les fait remarquer ;
Et sans pouvoir encore entrer en parallèle,
Elles se font déjà dignes de leur modèle.
Parmi leurs prétendants j'en connais quelques-uns
Qui pourraient, avant peu, devenir importuns.

MADAME DE VOLMAR, avec un ironique dédain.

Vous auraient-ils chargé d'être leur interprète ?

GERSAIN.

Deux d'entre eux m'en ont fait la demande indiscrète :
Préval et Voronseul; mais j'ai dû refuser.
En s'inclinant profondément.
De vos bontés pour moi c'eût été mésuser.

MADAME DE VOLMAR.

Pourquoi cela ? Mon Dieu, maintenant c'est l'usage :
Comme toute autre affaire on traite un mariage,
Et l'on ne vient à nous qu'en passant par autrui.
Des jeunes gens aussi la plupart, aujourd'hui,
Mesurent à la dot leur amour pour la femme.

GERSAIN.

Ah! madame, en ceci souffrez que je réclame :
A la femme est toujours le pouvoir de charmer.
Parmi nos jeunes gens, je pourrais en nommer
Dont la façon de voir de la vôtre est tout autre ;
Mais le secret d'un tiers n'est pas, je crois, le nôtre.

MADAME DE VOLMAR, en scrutant Gersain du regard.

Bonne raison souvent pour ne pas le garder....

Je n'entends pas d'ailleurs ici vous demander
Cet important secret; car, s'il faut tout vous dire,
Je le connais aussi.

GERSAIN, avec un étonnement feint.

Vraiment! je vous admire!
Valombreuse avec vous n'a pas pu s'expliquer!

MADAME DE VOLMAR, à part, avec un sourire qui indique
qu'elle vient de découvrir ce qu'elle voulait savoir.

Ah! très-bien.

Haut.

Rien n'échappe à qui sait remarquer.

GERSAIN, d'un ton de flatterie.

Mais je m'en aperçois.

MADAME DE VOLMAR.

On vous dit bien ensemble.

GERSAIN.

Chez lui le goût des arts quelquefois nous rassemble....
Votre approbation est le but de ses vœux,
Et déjà votre nièce eût reçu ses aveux,
S'il n'était arrêté, je crois, par quelque cause....

MADAME DE VOLMAR.

Elle m'est inconnue.

GERSAIN.

Un ami, je suppose.

MADAME DE VOLMAR.

Je ne comprends pas bien.

GERSAIN, feignant de nouveau l'étonnement.

Madame de Volmar
Ne saurait-elle rien des projets de Saint-Phar?

MADAME DE VOLMAR, en maîtrisant aussitôt l'émotion
qu'elle laisse paraître.

Moi! nullement.

GERSAIN, d'un ton dégagé.

La crainte alors n'est pas fondée,
Et le public se trompe.

MADAME DE VOLMAR, un peu émue.

Achevez votre idée.

GERSAIN.

Ce ne sont que des bruits, et des bruits indiscrets.

MADAME DE VOLMAR, se levant vivement.

Saint-Phar sur Léonie aurait-il des projets?

GERSAIN.

Mais.... à ses yeux, dit-on, elle semble accomplie;
Et, si d'autres sont bien, elle se fait jolie.

MADAME DE VOLMAR, se remettant en apparence.

J'entends..., et Valombreuse, en ami généreux,
N'ose faire éclater ses désirs amoureux?

GERSAIN.

Il hésite, du moins.

MADAME DE VOLMAR.

Il a tort.

GERSAIN.

Je le pense....

D'un ton insinuant.

Il l'oserait peut-être, avec votre assistance.

MADAME DE VOLMAR.

En faveur de son nom j'y pourrais consentir,
Si chez lui le passé n'engageait l'avenir.

GERSAIN.

Le présent près de vous lui doit obtenir grâce.
Après tout, il faut bien que jeunesse se passe;
On en vaut mieux, dit-on, dans l'âge qui la suit.
C'est surtout par soi-même ici-bas qu'on s'instruit....
Tels qui commencent mal finissent en apôtres....
Un mari comme lui convient mieux que bien d'autres;
Et votre nièce aussi porterait un grand nom.

MADAME DE VOLMAR.

Je ne réponds pas oui...; mais je ne dis pas non.

GERSAIN.

Ce mot-là me suffit, et je cours le lui dire....
Demain j'apporterai les billets à souscrire.

MADAME DE VOLMAR, à Gersain, qui sort.

Vous y joindrez mon compte, et ne l'oubliez pas.

SCÈNE II.

MADAME DE VOLMAR, seule.

Ce Gersain, malgré moi, m'a mis dans l'embarras;
Mais je m'en sortirai sans trop de sacrifices.
A présent, Dieu merci, je vois ses artifices;
Il ne m'y prendra plus.... Pourtant, j'en fais l'aveu,
Ses propos sur Saint-Phar m'occupent quelque peu...
Il dit vrai sur ce point..., son intérêt l'y porte....
C'est ma faute aussi bien si ma nièce l'emporte :
Saint-Phar m'était soumis, mais Saint-Phar est changeant;
Mon cœur s'est envers lui montré trop exigeant;
J'eusse dû, je le sens, mieux masquer le servage,
Et, sans accorder plus, promettre davantage....

Et maintenant que faire?... Irai-je m'exposer
Aux charges de l'hymen, pour m'en faire épouser?...
En lui j'estime l'homme et je prise l'artiste;
Mais l'hymen, en soi-même, est toujours chose triste.
Je connais les maris; ils se ressemblent tous :
Aussitôt qu'ils ont eu ce qu'ils voulaient de nous,
Pour les rendre pressants vainement on s'agite;
Qui nous veut nous recherche, et qui nous a nous quitte.
J'en ai subi l'épreuve, et je m'en souviendrai....
Des amants, au contraire, on fait tout à son gré,
Lorsqu'on a le cœur libre et qu'on sait se conduire;
Et si d'ailleurs Saint-Phar par dépit se retire,
C'est qu'aussi j'ai voulu l'éprouver jusqu'au bout....
Mais il me reviendra...; je suis femme après tout;
Je saurai l'y contraindre..., il y va de ma gloire....
Non, ma nièce sur moi n'aura pas la victoire.
Tout autant que l'amour, l'amour-propre est jaloux....
Et demain, s'il le faut, elle aura son époux.

SCÈNE III.

SAINT-PHAR, MADAME DE VOLMAR.

SAINT-PHAR, sortant de chez lui.

A regret, de vos bals j'entrevois la clôture.

MADAME DE VOLMAR.

Pourquoi? Paris, l'hiver; au printemps, la nature.
Aussi, prochainement, nous partons pour Enghien :
Et vous?

SAINT-PHAR.

Je vous suivrai, si vous le voulez bien.

ACTE TROISIÈME.

MADAME DE VOLMAR.

De plus, je vous en prie.

SAINT-PHAR.

Et j'accepte avec joie.

MADAME DE VOLMAR.

En Suisse, cet été, je veux que l'on nous voie :
Nous y serons en nombre, et je compte sur vous.
Vos deux amis, j'espère, y viendront avec nous.
De là nous gagnerons Naples, Rome ou Florence,
Et serons de retour en décembre, je pense.
Cela vous convient-il?

SAINT-PHAR.

On ne peut vouloir mieux.

MADAME DE VOLMAR.

De revoir l'Italie on est toujours heureux.
Et là, vous inspirant de la belle nature,
Nous vous verrons encore illustrer la peinture.

SAINT-PHAR.

Encouragé par vous, on peut du moins l'oser.

MADAME DE VOLMAR.

Et du soin du succès sur vous se reposer.
Votre dernier ouvrage en est pour tous la preuve :
Le sujet en est grand, et l'idée était neuve.

SAINT-PHAR.

Je vous dois l'un et l'autre, et n'ai fait qu'esquisser
Ce qu'ici, chaque jour, je vois se retracer.

MADAME DE VOLMAR.

Tout compliment à part, le mérite vous reste.

SAINT-PHAR.

Je suis d'un autre avis.

MADAME DE VOLMAR.

Vous êtes trop modeste.

SAINT-PHAR.

Vous aviez des trois sœurs désiré les portraits ;
Instruit de vos désirs, pour vous je les ai faits.

MADAME DE VOLMAR.

Votre œuvre, aux yeux de tous, est une œuvre de maître.

SAINT-PHAR.

Pourtant, mon seul mérite est d'avoir su, peut-être,
Rendre des traits divins avec quelque bonheur,
Et je n'ai pour cela que consulté mon cœur.
Églé, vers les beaux-arts par son instinct poussée,
En parlant de la gloire attachant la pensée,
Est cette fleur qui point d'un bouton vierge encor ;
Ce papillon léger qui va prendre l'essor ;
Cette grâce naissante, à la gaîté naïve,
Bonne et fine à la fois, à la fois simple et vive,
Courant à qui lui plait, riant à qui lui rit,
Enfant pour la raison et femme pour l'esprit.

MADAME DE VOLMAR.

Églé, de cette esquisse, a droit d'être flattée.

SAINT-PHAR, avec émotion.

Sa sœur, par la nature heureusement dotée
Et de verve et d'élan, et de goût et d'attraits,
De nos jeunes auteurs appelle les succès,
Avec ce zèle ardent dont la pudique flamme
Reflète sur son front les beautés de son âme,
Et ce charme de voix dont les sons caressants

Vont vibrer jusqu'au cœur, en pénétrant les sens.
Heureux qui pourrait d'elle obtenir la victoire,
En la couvrant d'amour, de bonheur et de gloire!!...

MADAME DE VOLMAR, avec impatience et dépit.

Et la troisième enfin?

SAINT-PHAR.

La troisième, à son tour,
D'artistes distingués s'entourant chaque jour,
Exerce sur les arts un souverain empire,
Et partout fait aimer un pouvoir qu'on admire;
Pouvoir d'autant plus grand, d'autant mieux mérité,
Qu'elle y peut joindre aussi celui de la beauté;
Et, tenant entre tous une égale balance,
Ne veut avec aucun partager sa puissance.

MADAME DE VOLMAR.

Comment l'entendez-vous?

SAINT-PHAR.

Qu'à l'hymen à jamais
Elle a, pour les beaux-arts, renoncé désormais.

MADAME DE VOLMAR.

Je n'ai pas dit cela.

SAINT-PHAR.

Je pensais le contraire.

MADAME DE VOLMAR.

Pourquoi donc?

SAINT-PHAR.

N'est-ce pas le dire que le faire?

MADAME DE VOLMAR.

Trop jeune mariée une première fois,

Sans que mon cœur d'ailleurs ait pris part à ce choix,
J'ai bien pu différer un second mariage
Sans m'imposer pourtant un éternel veuvage....
A moins donc que, pour moi, le temps ne soit passé.

SAINT-PHAR.

Vous le savez fort bien, pour vous, rien n'est pressé ;
Mais l'hymen qui vous plaît, dit-on, n'est pas le vôtre.

MADAME DE VOLMAR.

N'est pas le mien, dit-on?... et, selon vous, quel autre?

SAINT-PHAR.

Celui de votre nièce est pour vous d'un grand prix.

MADAME DE VOLMAR.

Il est vrai ; mais d'ailleurs si, suivant votre avis,
Rien ne presse pour moi, rien n'est pressé pour elle.

SAINT-PHAR.

Cependant, s'il s'offrait une occasion telle...
Qu'elle-même jugeât devoir en profiter,
Sans doute à ses désirs vous sauriez vous prêter.

MADAME DE VOLMAR.

Me prêter avec joie.

SAINT-PHAR.

On le conçoit sans peine.

MADAME DE VOLMAR.

Et, si l'occasion devait être prochaine,
Je sais bien, entre nous, celui qui, franchement,
Pourrait compter le plus sur mon assentiment :
A tous égards, je crois, il paraît fait pour elle ;
Il n'a rien dit encor, mais l'amour le décèle.

SAINT-PHAR.

J'en connais un aussi qui, tout plein de ses feux,

ACTE TROISIÈME. 71

D'obtenir votre appui se croirait trop heureux.

MADAME DE VOLMAR.

Je ne puis l'agréer avant de le connaître.

SAINT-PHAR.

De vous il est connu.

MADAME DE VOLMAR, avec un léger sourire.

C'est le même peut-être.

SAINT-PHAR, en s'animant progressivement.

Puissiez-vous dire vrai! c'est un ami des arts;
Ses travaux ont parfois mérité vos regards;
Ses goûts, ses sentiments sont ceux de la nature;
Ses inspirations, l'honneur et la droiture;
Ses désirs, le bonheur de l'objet de ses vœux....

MADAME DE VOLMAR, l'interrompant.

Mais, dans les beaux transports de son zèle amoureux,
Se croit-il préféré de celle qu'il préfère?

SAINT-PHAR.

Il n'ose s'en flatter; mais il aime, il espère.

MADAME DE VOLMAR, avec un peu d'ironie.

Et, sans doute, il serait constant dans ses amours?

SAINT-PHAR.

Ah! je peux l'affirmer.

MADAME DE VOLMAR, en souriant ironiquement.

C'est ce qu'on dit toujours.

SAINT-PHAR, vivement.

J'en suis garant.

MADAME DE VOLMAR, après une pause et en se contenant.

Dès lors, je n'ai plus rien à dire:
Que ma nièce y consente et j'y pourrai souscrire.

SAINT-PHAR, avec feu.

Vraiment!...Vous daigneriez!...La faveur est sans prix!

MADAME DE VOLMAR, tranquillement, après avoir comprimé un mouvement de dépit.

Dincourt est bien.

SAINT-PHAR, au comble de la surprise.

Dincourt!!...

MADAME DE VOLMAR, feignant l'étonnement.

Vous paraissez surpris?

Avec tranquillité.

Il n'en est pas au fond qui soit plus digne d'elle :
Un fort beau caractère, une aisance fort belle,
Son physique élégant, ses manières, ses goûts,
Ses talents reconnus, son amitié pour vous,
Tout, jusqu'à sa famille enfin, le recommande.

SAINT-PHAR, avec une anxiété contrainte.

S'est-il mis sur les rangs?

MADAME DE VOLMAR, feignant de nouveau l'étonnement.

Mais, je vous le demande,
N'était-ce pas pour lui que vous parliez ainsi?

SAINT-PHAR, avec force.

Pour Dincourt?

MADAME DE VOLMAR, toujours tranquillement, tout en éprouvant une certaine jouissance du coup qu'elle vient de porter à Saint-Phar.

Pour Dincourt.... Ai-je tort en ceci?

SAINT-PHAR.

S'il était amoureux, il me l'eût fait connaître.

MADAME DE VOLMAR.

Quoi! jamais devant vous il n'a rien fait paraître?...

SAINT-PHAR.

Jamais.
MADAME DE VOLMAR.

C'est étonnant! Pour moi j'avais cru voir
Que, dans ce mariage, il plaçait son espoir.
SAINT-PHAR, avec feu.

Vous pensez donc qu'il l'aime?... En êtes-vous bien sûre?
MADAME DE VOLMAR.

Je n'en sais rien au fond; mais je le conjecture....
Je puis errer d'ailleurs.
SAINT-PHAR.

Vous le croyez pourtant?
MADAME DE VOLMAR.

Auprès d'elle, au surplus, il est en cet instant,
Et vous pouvez vous-même éclaircir cette affaire.
SAINT-PHAR.

Oui, souffrez que je sonde au plus tôt ce mystère;
Pardon.
Il passe dans les appartements de madame de Volmar.

SCÈNE IV.

MADAME DE VOLMAR, seule.

De se contraindre il ne prend plus souci;
Et sa jalouse ardeur me laisse seule ici!...
Après une pause.

Eh bien, soit! qu'il y coure! il ne m'importe guère:
Plus que lui, par mes soins, ses amis sauront plaire;
Et puisque, pour ma nièce, il me quitte aujourd'hui,
Valombreuse et Dincourt me vengeront de lui.
Elle rentre chez elle et le rideau tombe.

ACTE QUATRIÈME.

SCÈNE PREMIÈRE.

DE VALOMBREUSE, MADAME DE VOLMAR.
(Ils sortent ensemble de la salle de bal, qui est illuminée.)

DE VALOMBREUSE.
Autant l'un est pressant, autant l'autre est habile.
MADAME DE VOLMAR.
Il n'importe : à mes yeux votre crainte est futile.
DE VALOMBREUSE.
L'un et l'autre, à sa suite ardents à se montrer,
De leurs soins cependant sont fiers de l'entourer ;
Ils semblent à l'envi s'efforcer de lui plaire.
MADAME DE VOLMAR.
Je réponds du succès, si vous me laissez faire.
Mais je veux éviter de pénibles débats.
DE VALOMBREUSE.
Ordonnez.
MADAME DE VOLMAR.
   Les moyens ne me manqueront pas
D'éloigner vos rivaux un mois et davantage ;
Ce temps nous suffira pour votre mariage.

Au sortir de l'autel vous partirez pour Tours,
Et la Loire et ses bords fêteront vos amours.

DE VALOMBREUSE.

J'allais le proposer, car déjà ma famille
Brûle de posséder en elle une autre fille.

MADAME DE VOLMAR.

De plus, de voyager ma nièce a le désir;
Vous pourrez aisément lui donner ce plaisir,
Tandis que moi, près d'eux je prendrai votre cause.

SCÈNE II.

DE VALOMBREUSE, MADAME DE VOLMAR, ÉGLÉ.
(Églé entre doucement et vient écouter ce qu'on dit.)

DE VALOMBREUSE.

Du soin de la gagner sur vous je me repose :
Pour apaiser Dincourt et ramener Saint-Phar,
Je sais tout ce que peut madame de Volmar.
Mais il reste à savoir si d'ailleurs votre nièce
Daignera de mon cœur agréer la tendresse.

MADAME DE VOLMAR.

Je saurai sur ce point prévenir tout refus.

DE VALOMBREUSE.

De vos bontés pour moi je suis vraiment confus.

ÉGLÉ, à part, avec stupéfaction.

Et moi donc !

MADAME DE VOLMAR, à Valombreuse.

Je l'ai dit ; que rien ne vous tourmente :
Léonie est à vous.

ÉGLÉ, vivement, en courant étourdiment vers sa tante.

Ma sœur?

MADAME DE VOLMAR, avec étonnement, en se retournant précipitamment, ainsi que Valombreuse.

Églé!

ÉGLÉ, d'un air dégagé, en s'arrêtant tout à coup.

Ma tante?

MADAME DE VOLMAR, à Églé avec sévérité.

Que fais-tu là?

ÉGLÉ, en regardant à droite et à gauche, comme si sa tante s'adressait à une autre personne.

Qui?

MADAME DE VOLMAR.

Toi.

ÉGLÉ, avec un peu d'hésitation.

Je venais....

Vivement.

T'appeler.

MADAME DE VOLMAR.

M'appeler!

ÉGLÉ, avec aplomb et finesse.

C'est Joseph, qui voudrait te parler....
Pour.... tu sais....

MADAME DE VOLMAR.

Oui; je sais ce qu'il faut que j'en croie.

ÉGLÉ.

Il dit que c'est urgent.

MADAME DE VOLMAR.

Est-ce lui qui t'envoie?

ÉGLÉ, en hésitant.

Lui?... non....

Avec assurance.

Mais, tu comprends, j'ai plaint son embarras ;
Et, vite, j'ai voulu te le dire.

MADAME DE VOLMAR.

En ce cas,
Au lieu de te presser, pourquoi rester en route ?

ÉGLÉ.

Mais... par discrétion.

MADAME DE VOLMAR.

Laisse donc !

ÉGLÉ.

Oui, sans doute.

MADAME DE VOLMAR.

C'est trop fort !

ÉGLÉ.

Si vraiment ; car, vois-tu, j'attendais...
Pour ne pas t'interrompre.

MADAME DE VOLMAR.

Et tu nous écoutais.

ÉGLÉ, d'un air caressant.

Oh ! c'était seulement pour faire quelque chose.

MADAME DE VOLMAR.

Néanmoins tu sais tout.

ÉGLÉ.

Je n'en suis pas la cause.

MADAME DE VOLMAR.

Eh bien, tu rentreras demain en pension.

ÉGLÉ.

En pension, ma tante! ah! quelle intention!
Ce n'est pas bien à toi d'émettre cette idée.

MADAME DE VOLMAR.

Au couvent.

ÉGLÉ.

Au couvent!!

MADAME DE VOLMAR.

Et j'y suis décidée.

ÉGLÉ.

Par exemple, au couvent!

MADAME DE VOLMAR.

Demain.

DE VALOMBREUSE, à madame de Volmar.

En vérité?

ÉGLÉ, à part.

Au couvent! ah! bien oui.

DE VALOMBREUSE.

Grâce!

MADAME DE VOLMAR.

C'est arrêté.

ÉGLÉ, à part.

Comptes-y. Bien adroit qui pourrait m'y reprendre.

DE VALOMBREUSE, à madame de Volmar.

Souffrez qu'en sa faveur ma voix se fasse entendre :
A sa discrétion l'on peut s'en rapporter.

ÉGLÉ, haut.

Certes.
A part.
Quand je le veux.

MADAME DE VOLMAR.

      Libre à moi d'en douter.

DE VALOMBREUSE.

Envers l'aimable Églé de trop est la contrainte :
Sa bonté répond d'elle, et nous pouvons sans crainte
Nous fier à son cœur ainsi qu'à sa raison.

ÉGLÉ, en regardant sa tante, qui fait un signe négatif.

Sans doute; à tous les deux.

MADAME DE VOLMAR, à Valombreuse.

      Je tiens à la leçon.

DE VALOMBREUSE.

Je tiens à l'indulgence, et j'en fais la demande.

ÉGLÉ, à part.

J'en serai quitte, allons, pour une réprimande.

MADAME DE VOLMAR, à Valombreuse.

Vous le voulez?

DE VALOMBREUSE.

   J'insiste, et de tout mon pouvoir.

MADAME DE VOLMAR.

Puisque vous insistez, il faut bien le vouloir;
Mais un mot indiscret, et je suis inflexible.

A Églé.

Tu m'entends?

ÉGLÉ.

  Sois tranquille.

DE VALOMBREUSE.

     Elle est bonne et sensible....

ÉGLÉ, à part.

Flatteur!

ACTE QUATRIÈME.

DE VALOMBREUSE.

Et loin d'aller divulguer nos secrets,
Elle est prête, au contraire, à servir nos projets.

ÉGLÉ.

Nous verrons ça plus tard.

MADAME DE VOLMAR.

Pourquoi pas tout de suite?

ÉGLÉ.

Le bonheur de ma sœur réglera ma conduite.

DE VALOMBREUSE.

Alors j'ai tout espoir.

ÉGLÉ.

Alors, tant mieux pour vous.

MADAME DE VOLMAR.

C'est bien; et maintenant, Églé, va, laisse-nous.

ÉGLÉ, se dirigeant vers la porte.

Je sors.

MADAME DE VOLMAR, l'arrêtant.

Tu m'as comprise? ou de toi le silence,
Ou pour toi le couvent.

ÉGLÉ.

J'entends.

A part.

Quelle exigence!

MADAME DE VOLMAR.

Préviens d'ailleurs Joseph que j'arrive à l'instant.

ÉGLÉ.

J'y vais.

MADAME DE VOLMAR, d'un air grave.

Et ne dis mot!

ÉGLÉ, d'un air grave aussi.

Oh! non.

A part, avec finesse.

Oh! si, pourtant.

Elle sort pendant que madame de Volmar la regarde, reparaît pour écouter, et se retire aussitôt en voyant que sa tante tourne de nouveau les yeux vers la porte.

SCÈNE III.

DE VALOMBREUSE, MADAME DE VOLMAR.

MADAME DE VOLMAR, en se retournant vers Valombreuse.

Vous l'avez désiré, j'ai cédé pour vous plaire.

DE VALOMBREUSE.

La flatter ne saurait nous la rendre contraire;
La punir eût d'ailleurs indisposé sa sœur;
Mieux vaut la retenir par l'effet de la peur.

MADAME DE VOLMAR.

Sans doute; mais Églé n'est pas fille à se taire.

DE VALOMBREUSE.

Raison de plus alors pour presser notre affaire.

MADAME DE VOLMAR.

C'est aussi mon dessein; mais allons voir....

DE VALOMBREUSE.

Très-bien.

MADAME DE VOLMAR.

Quoi qu'on dise d'ailleurs, ne convenez de rien.

DE VALOMBREUSE.

C'est entendu.

<small>Madame de Volmar se dirige vers la salle de bal,
en prenant le bras de Valombreuse.</small>

SCÈNE IV.

SAINT-PHAR, DE VALOMBREUSE, MADAME DE VOLMAR.

MADAME DE VOLMAR, à Saint-Phar, qui la croise en sortant de la salle de bal.

Déjà partir !

SAINT-PHAR.

A Dieu ne plaise.
Mais je ne me sens point précisément à l'aise ;
Et je viens, à l'écart, un instant respirer.

DE VALOMBREUSE, à Saint-Phar.

On joue au lansquenet.

SAINT-PHAR.

C'est bien, je vais rentrer.

SCÈNE V.

SAINT-PHAR, seul.

(Il s'assied, après un moment de silence, et paraît abattu.)

Vainement cherche-t-il à m'en faire un mystère :
Il aime Léonie et travaille à lui plaire.
Valombreuse lui-même, ardent à l'excuser,
A convenir des faits ne peut se refuser....

Par moi, d'une autre part, se sentant offensée,
Madame de Volmar pour lui s'est prononcée....
Autrement irait-elle, adroite à le vanter,
De sa nièce partout chercher à m'écarter?
Et qui sait ce qu'il eût obtenu déjà d'elle,
Tout le mal que m'eût fait leur entente cruelle,
Si, dévoué toujours à mes seuls intérêts,
Valombreuse, pour moi, n'eût troublé leurs projets!...
Léonie, à son tour, avec soin je l'observe,
Affecte envers nous tous une froide réserve :
Avec elle dix fois j'ai voulu m'expliquer,
Et dix fois j'ai senti que j'allais trop risquer.
Trop de monde l'entoure, et quelque objet l'alarme :
Je l'ai vue, en cachette, essuyer une larme.
Mais avec elle ici, demain je saurai tout!...
Puissé-je n'être pas malheureux jusqu'au bout!...
Puisse au moins de l'amour la flamme sainte et pure
Me consoler des torts d'une amitié parjure!....
Lui, parjure!... Dincourt!... Une telle noirceur
Bouleverse mes sens et révolte mon cœur.....
Lui!... qui naguère encor ne voulait, à l'en croire,
Que nous voir tous les deux, nobles rivaux de gloire,
A l'envi nous prêtant un mutuel appui,
Vivre heureux à jamais : lui, par moi; moi, par lui....
Lui!... l'ami de mon choix, mon compagnon d'enfance,
A ce point, tout à coup, tromper ma confiance!....
Lui, que j'ai vu toujours et bon et généreux,
Employer contre moi ces procédés affreux!....
Et moi, pour lui, fidèle aux liens qu'il oublie,
J'ai laissé partir seul Edmond pour l'Italie.
Pour lui je suis resté, désirant chaque jour
Le fortuné moment qui verrait son retour.

ACTE QUATRIÈME. 85

Je n'aimais point encor; ne songeant qu'à lui plaire,
C'est pour lui, bien longtemps, que j'ai voulu tout faire...
S'il en fût resté digne, au fond qui peut savoir
Tout ce qu'à son égard mon cœur eût pu vouloir!!...

Pendant ce monologue, Églé vient voir à la porte ce qui se passe, et se retire après avoir observé l'abattement de Saint-Phar.

SCÈNE VI.

SAINT-PHAR, DINCOURT, ÉGLÉ.

(Saint-Phar est assis et plongé dans les réflexions.)

ÉGLÉ, entrant doucement et conduisant Dincourt.

Le voilà.... Qu'il est triste!

DINCOURT.

Et qu'a-t-il?

ÉGLÉ.

Je l'ignore;
Mais sur ses traits se peint l'ennui qui le dévore.
Je souffre de le voir et n'ose l'approcher.

DINCOURT.

Aurait-il des chagrins qu'il voudrait nous cacher?

ÉGLÉ.

Je le crains, et pour lui j'en suis bien tourmentée.

S'arrêtant tout à coup et écoutant.

Mais... la valse commence, et je suis invitée;

En lui faisant un signe de la main.

Adieu.

Elle rentre avec légèreté dans la salle de bal.

DINCOURT, *en la suivant des yeux.*

Charmante enfant!

SCÈNE VII.

SAINT-PHAR, DINCOURT.

(Dincourt s'approche de Saint-Phar, qui est toujours assis et dans l'abattement.)

DINCOURT.

Saint-Phar !

SAINT-PHAR, tristement et sans se retourner.

Que me veux-tu?

DINCOURT.

Je te cherchais.

SAINT-PHAR.

Eh bien?

DINCOURT.

Tu parais abattu.

SAINT-PHAR.

De grâce, laisse-moi.

DINCOURT.

Mais pourquoi ce langage?
Quelle douleur soudaine a brisé ton courage?...
Tout à l'heure, du jeu je crois que tu sortais!...
Dois-je en appréhender de funestes effets?

SAINT-PHAR.

Hé! que me fait l'argent?... C'est bien peu me connaître !

DINCOURT.

Non, l'argent ne t'est rien; non.

Avec hésitation.

Mais... as-tu, peut-être,

En risquant ton avoir, compromis ton amour ?...
S'il en était ainsi, je suis riche à mon tour.

SAINT-PHAR, froidement, après avoir exprimé
un mouvement de surprise.

Du jeu, ce soir, pour moi les chances semblent bonnes,
Et j'ai gagné Gersain.

DINCOURT.

Franchement, tu m'étonnes !...
Les joueurs, il est vrai, ne sont pas sans détours :
On joûrait beaucoup moins si l'on perdait toujours.
Mais quel est ton chagrin ?... Léonie aurait-elle....

SAINT-PHAR.

Non.

DINCOURT.

Pourtant, ta douleur est cruelle ?

SAINT-PHAR.

Oui, cruelle !...

DINCOURT.

Sa tante a-t-elle donc repoussé ton projet ?

SAINT-PHAR.

Il se peut..., je ne sais.... Laissons là ce sujet.

DINCOURT.

Mais fais-moi part du moins du malheur qui t'afflige;
Parle.

SAINT-PHAR.

Encore une fois, laisse-moi seul, te dis-je.

DINCOURT.

Je ne le puis, Saint-Phar : je veux savoir pourquoi
Tu dédaignes les soins d'un ami tel que moi.

SAINT-PHAR, avec une ironie mêlée d'amertume.

Loin de les dédaigner, mon cœur les apprécie....
J'en connais la valeur..., et je t'en remercie....

DINCOURT.

L'amitié te les offre.

SAINT-PHAR.

Ils seraient superflus;
Laisse-moi.

DINCOURT.

Mais vraiment, je ne te conçois plus :
Repousser l'amitié !

SAINT-PHAR, avec force.

Moi, la repousser !... elle !
Non, non : à l'amitié je suis resté fidèle.

DINCOURT.

Tu sais combien je t'aime....

SAINT-PHAR, avec amertume.

Oui, je sais à quel point
Je te suis cher, Dincourt; je ne l'ignore point.

DINCOURT.

En ce cas, dans mon sein ose épancher ton âme :
Se cacher d'un ami c'est mériter son blâme.

SAINT-PHAR.

S'en cacher, en effet, autrefois c'était mal;
Mais le tromper d'ailleurs, aujourd'hui c'est moral.

DINCOURT.

Explique-toi, pour Dieu ! Ton silence m'offense.

ACTE QUATRIÈME.

SAINT-PHAR, *après une pause.*

S'il t'offense, Dincourt, comprends donc ma souffrance...
Un ami me trahit !

DINCOURT.

En es-tu bien certain ?

SAINT-PHAR.

Je lui cherche une excuse, et je la cherche en vain....
Conçois-tu, maintenant, ma douleur indicible ?...

DINCOURT.

Mais ce serait affreux !

SAINT-PHAR.

Oui, Dincourt : c'est horrible !...

DINCOURT.

J'ose en douter encor; l'apparence parfois
Nous fait croire....

SAINT-PHAR, *se levant vivement.*

Dincourt, je crois ce que je vois.
Ah ! qui trompe un ami n'est pas digne de vivre.

DINCOURT.

Bien souvent à l'erreur la colère nous livre.

SAINT-PHAR.

Sois-en juge toi-même..., et de moi prends pitié :
  Avec amertume.
Mon cœur, et tu le sais, est né pour l'amitié;
Au nombre des amis dont mon âme était fière,
Comme moi, des beaux-arts parcourant la carrière,
J'en avais un, Dincourt, un surtout..., tel que toi,
Que j'avais distingué, que j'aimais plus que moi.
Dans la simplicité d'un sentiment extrême,
Je me fiais à lui plus encor qu'à moi-même.

De ses projets soudain je faisais mes projets ;
Ses succès aussitôt devenaient mes succès ;
Sa gloire m'occupait encor plus que la mienne ;
Mes goûts étaient les siens, ma vie était la sienne ;
J'agissais à sa voix, je voyais par ses yeux,
Et je n'étais content qu'en le sachant heureux.
Un tel attachement à tous faisait envie ;
Pour lui, Dincourt, pour lui j'eusse donné ma vie !...
Et pourtant cet ami, de lui seul occupé,
Lâchement intriguant, m'a lâchement trompé !...

DINCOURT.

Impossible ! Saint-Phar ; non, je ne puis te croire ;
Non, Saint-Phar, ce n'est point.

SAINT-PHAR, avec abattement.

Ce n'est que trop notoire !

DINCOURT.

Quoi ! Valombreuse a pu !...

SAINT-PHAR, se redressant avec indignation.

Valombreuse !... dis-tu ?
Un moment, s'il vous plaît, respectez sa vertu.
Car cet ami, Dincourt, cet ami qui m'abuse,
Sache-le bien, c'est toi..., c'est Dincourt que j'accuse.

DINCOURT, stupéfait.

Moi, Saint-Phar !

SAINT-PHAR, avec force.

Toi !

Avec tristesse.

Grand Dieu !...

Avec menace, après une pause.

J'ai pu te démasquer....

Mais ce n'est point ici le lieu de s'expliquer;
En le repoussant de la main.
Va.

DINCOURT, avec saisissement.

Que t'ai-je fait?

SAINT-PHAR.

J'aime..., et tu dois me comprendre.

DINCOURT, avec abattement.

Ah!

SAINT-PHAR, à part, avec angoisse, en s'éloignant.

Plus de doute!

DINCOURT, se rapprochant de Saint-Phar.

Écoute.

SAINT-PHAR, en s'éloignant davantage.

Assez.

DINCOURT.

Daigne m'entendre.

SAINT-PHAR, en faisant encore plusieurs pas, jusqu'à la porte.

Assez, assez!

DINCOURT, avec force, en le suivant.

Jamais....

SAINT-PHAR, se retournant et l'interrompant.

Il suffit : à demain.
Il rentre dans la salle de bal.

SCÈNE VIII.

DINCOURT, seul.

<small>Après un moment de silence.</small>

De Valombreuse ici je reconnais la main ;
Il a su profiter de ma trop longue absence....
Mais si je plains l'erreur, j'endure peu l'offense.

<small>Il passe dans la salle de bal, et le rideau tombe.</small>

ACTE CINQUIÈME.

SCÈNE PREMIÈRE.

SAINT-PHAR, seul.
(Il est assis devant la table et achève d'écrire une lettre.)

Je ne puis la signer.... Lui, Dincourt! ô mon Dieu!...
Me tromper en amour.... et m'offenser au jeu!...
    Après un moment de silence.
Avec lui, malgré moi, la rencontre est forcée :
Par le sang seulement l'insulte est effacée....
Le sort en est jeté.
                Il signe la lettre.
          Dans ce malheur profond,
Valombreuse me reste; il sera mon second....
    Il fait une autre lettre.
Hésiter plus longtemps serait de la faiblesse....
      Il sonne, se lève et marche, absorbé dans ses réflexions,
      en tenant les deux lettres à la main.
    Au domestique qui entre.
Non; va, sors... tout à l'heure.
        Le domestique sort.
              Ah! la douleur m'oppresse!...
Appeler en duel un ami de quinze ans!...
Impérieux devoir que repoussent les sens!
Mon âme s'en révolte, et ma raison s'égare!...

L'amitié nous a joints, si l'amour nous sépare....
Et si je sais qu'il faut, à l'honneur outragé,
Que l'outrage public en public soit vengé,
Néanmoins, ô Dincourt! quand rien ne peut t'absoudre,
A cette extrémité j'ai peine à me résoudre.

Il jette ses lettres sur la table et s'assied, profondément accablé.

SCÈNE II.

SAINT-PHAR, GERSAIN.

GERSAIN, *s'approchant d'un air contrit, et saluant à plusieurs reprises.*

De vos pertes d'hier encor tout affligé,
Pour remplir vos projets je n'ai rien négligé :
Aussi, dès ce matin, je me suis mis en route.
Pour vous être agréable il n'est rien qui me coûte.
Mon zèle à vous servir de chacun est connu.

SAINT-PHAR, *d'un ton bref.*

Au fait : de mes tableaux qu'avez-vous obtenu ?

GERSAIN.

Forcé d'en convenir, à la honte des hommes,
Le positif est tout, dans le siècle où nous sommes,
Et des grands de nos jours l'artiste est peu choyé.
Son chef-d'œuvre lui-même, hélas ! n'est plus payé ;
Et....

SAINT-PHAR.

J'entends : mes tableaux sont encore à se vendre.

GERSAIN.

Pourquoi m'avoir aussi défendu d'y comprendre
Celui des *Trois Amis* et celui des *Trois Sœurs ?*

Au jugement de tous, ce sont les deux meilleurs ;
Ils ont de plus la vogue, et cette circonstance
Offrait pour s'en défaire une assez belle chance.
Après une pause.
J'ai d'ailleurs réclamé le tableau des *Amis*.

SAINT-PHAR, vivement.

Dincourt, sans hésiter, vous l'aurait-il remis ?

GERSAIN.

De lui-même, aussitôt, il est allé l'atteindre.

SAINT-PHAR.

O Dincourt ! ce trait seul achève de te peindre !

GERSAIN.

« Le voilà, me dit-il, en ce premier instant ;
» Puisse à ce prix du moins Saint-Phar être content !... »
Alors (pour le sonder) j'ai parlé de le vendre.
« Le vendre, dites-vous ? et je pourrais le rendre !...
» Non, s'est-il écrié : non, jamais.... » Et, soudain,
Plein d'un brusque transport, l'arrachant de ma main,
« Jamais, a-t-il repris ; ah ! que Dieu m'en préserve !
» L'amitié le peignit, l'amitié le conserve !... »
Bref, je n'ai pu l'avoir, malgré tous mes efforts.

SAINT-PHAR.

Ce refus, grâce au ciel, tempère un peu ses torts :
Si du moins contre moi l'amour fait qu'il conspire,
L'amitié sur son cœur garde encor quelque empire.

GERSAIN, *soupirant*.

Plaise à Dieu !

SAINT-PHAR.

Comment ça ?

GERSAIN, en s'inclinant.

Pardon.

SAINT-PHAR.

Expliquez-vous ;
Parlez.

GERSAIN, en s'inclinant davantage et en regardant
Saint-Phar en dessous.

Mais.... j'appréhende autre chose, entre nous :
Toujours les deux pendants doivent marcher ensemble ;
Garder l'un, c'est prouver qu'on veut l'autre..., ce semble.
Or le second lui manque... et, si j'ai bien compris,
C'est à ce dernier seul qu'il attache du prix....
Qui ne tient au portrait de celle qu'il adore ?...
Aussi, lui-même, ici prétendait-il encore
Venir vous en parler (il le disait du moins),
Lorsque de Valombreuse ont paru les témoins....

SAINT-PHAR, se levant tout à coup.

Une rencontre, ô ciel !

GERSAIN, d'un air hypocrite.

Hélas ! je le suppose.

SAINT-PHAR.

Une rencontre entre eux, dont je serais la cause !
Non ; je n'hésite plus.

Il sonne.

GERSAIN.

De grâce, calmez-vous.

SAINT-PHAR.

Par l'honneur, je le jure....

GERSAIN.

Un peu moins de courroux.

SAINT-PHAR, après avoir sonné de nouveau.

Il en sera puni.

GERSAIN, en changeant de ton.

Sa conduite est affreuse !

SAINT-PHAR, au domestique qui entre.

Cette lettre à Dincourt; cette autre à Valombreuse;
Va, cours.

Le domestique sort.

A Gersain.

Avant une heure il me faut de l'argent.

GERSAIN.

Dans une heure !

SAINT-PHAR.

Au plus tard.

GERSAIN.

C'est bien être exigeant !

SAINT-PHAR.

Avant d'aller m'offrir à sa main égarée,
L'honneur veut que j'acquitte une dette sacrée.

GERSAIN.

C'est juste.

SAINT-PHAR.

Ma parole est donnée.

GERSAIN.

En effet.

SAINT-PHAR.

J'ai besoin d'emprunter.

GERSAIN.

Le montant, s'il vous plaît?

7

SAINT-PHAR.

Ce que je dois au jeu.

GERSAIN.

La chose est difficile.
Personne plus que moi n'aime à vous être utile,
Mais la somme est bien forte !

SAINT-PHAR.

Il me la faut pourtant.

GERSAIN.

Et trente mille francs à trouver à l'instant
Ne sont pas là, ce semble, un emprunt ordinaire ;
Aussi, je ne crois pas pouvoir vous satisfaire
A moins de dix pour cent.

SAINT-PHAR, vivement.

Dix de plus, s'il le faut.
Allez vite.

GERSAIN.

J'y vais.

Il sort.

SAINT-PHAR.

Revenez au plus tôt.

SCÈNE III.

SAINT-PHAR, seul.

Devrais-je avoir besoin d'un homme de la sorte !...
J'en rougis pour l'honneur, mais l'urgence l'emporte.
Ah ! que le jeu, grand Dieu ! nous fait descendre bas !

SCÈNE IV.

SAINT-PHAR, LÉONIE, ÉGLÉ.

ÉGLÉ, s'approchant doucement de Saint-Phar, qui est absorbé en lui-même.

Saint-Phar! c'est nous.

SAINT-PHAR, revenant à lui en voyant les deux sœurs.

C'est vous!

ÉGLÉ.

J'ai du chagrin, hélas!

SAINT-PHAR, avec un demi-sourire.

Du chagrin? vous, Églé! Pas bien grand, je suppose.

ÉGLÉ.

Oh! si... ma sœur en a.

SAINT-PHAR, vivement, à Léonie.

Dieu! quelle en est la cause?
Dites.

LÉONIE.

De vous, Saint-Phar, j'ai besoin aujourd'hui.

ÉGLÉ.

Vous êtes notre ami, vous serez notre appui.

SAINT-PHAR, avec anxiété.

Mais de quoi s'agit-il?

ÉGLÉ.

Mon cousin, c'est ma tante,
Qui, jusqu'ici toujours et bonne et bienveillante,
Changeant de procédés tout à coup envers nous,
Prétend à Léonie imposer un époux.

SAINT-PHAR, à Léonie, avec saisissement.

Son nom?

LÉONIE.

Ne vous fait rien.

SAINT-PHAR.

Son nom?

LÉONIE.

Mais pourquoi faire?

ÉGLÉ.

Ma sœur ne l'aime pas...
Avec dédain.
Et je ne l'aime guère.

SAINT-PHAR, à part, avec joie.

Ah! s'il n'est point aimé, tout espoir m'est rendu!
Haut, à Léonie.
Mais d'où vient contre vous cet acte inattendu?

ÉGLÉ.

Ma tante en a peut-être assez de sa tutelle :
Elle commence à voir que ma sœur est trop belle.

LÉONIE, à Églé, d'un air mécontent.

Que dis-tu là?

ÉGLÉ.

Je dis... la vérité.

LÉONIE, d'un ton d'autorité.

Tais-toi.
D'un ton de reproche.
Je ne te comprends pas.

ÉGLÉ.

Je me comprends bien, moi.

SAINT-PHAR, à Léonie.

Madame de Volmar ne saurait vous contraindre
Dans le choix d'un mari ; vous n'avez rien à craindre.

LÉONIE.

Je ne pourrais, Saint-Phar, retourner au couvent.

ÉGLÉ.

Quiconque en peut sortir n'y rentre pas souvent.

LÉONIE.

Des auteurs de mon être à jamais séparée,
Je ne puis vivre seule, à moi-même livrée.

ÉGLÉ.

Ce serait pour nous deux un mortel déplaisir.

LÉONIE.

Comment donc, en ce jour, oser désobéir?
C'est en vous, mon cousin, en vous seul que j'espère.

ÉGLÉ.

Vous saurez de ma tante apaiser la colère.

SAINT-PHAR.

Je l'essaîrai sans doute, et de tout mon pouvoir ;
Mais, pour un plein succès, je n'ose le prévoir.

ÉGLÉ, à sa sœur.

Alors, tout discuté, le moyen le plus sage
Serait, prochainement, un autre mariage.
Léonie fait un mouvement d'étonnement.
Oui ; mais... selon tes goûts.

LÉONIE.

                    Va, tu n'y penses pas !
Ce n'est pas là, ma sœur, me tirer d'embarras :
Nul choix ne m'est offert, et je ne puis attendre !

SAINT-PHAR, à Léonie.

Tout choix vous est permis.... Vous y pouvez prétendre.

ÉGLÉ, à Léonie.

Tu l'entends?.... Je te l'ai souvent dit entre nous.

LÉONIE, à Saint-Phar.

Quoi ! vous voulez aussi me donner un époux ?

SAINT-PHAR, lentement.

Le donner, s'il vous plaît ; vous l'offrir, s'il peut plaire.

ÉGLÉ.

Ce mari-là, peut-être, arrangerait l'affaire.
A sa sœur.
Qu'en dis-tu ?

LÉONIE.

Mais je dis que ton zèle est bien prompt.

ÉGLÉ, à Saint-Phar.

Vous nous en répondez ?

SAINT-PHAR, à Léonie.

Son cœur vous en répond.
Tout entier, Léonie, à son amour extrême,
Le don de votre main est son désir suprême ;
Heureux de partager jusqu'à vos moindres goûts,
Il ne voit, il ne sent, il ne vit que pour vous....
Pour faire de sa joie éclater le délire,
De vous, en cet instant, un mot pourrait suffire.

LÉONIE, avec trouble.

Il s'agit de ma tante....

SAINT-PHAR, avec sentiment.

Il s'agit d'un époux,
Trop heureux, quel qu'il soit, du bonheur d'être à vous.

LÉONIE.

Mon cousin....

SAINT-PHAR.

Je le sens, j'ose à beaucoup prétendre ;
Mais l'amour a parlé.... Daignerez-vous m'entendre ?

LÉONIE.

En quel trouble je suis !... O Saint-Phar ! ô mon Dieu !
Je voulais des conseils, et non pas un aveu.

ÉGLÉ, à part.

Pauvre sœur ! en ses yeux je vois rouler des larmes.

SAINT-PHAR.

Je n'ai pu résister au pouvoir de vos charmes,
A l'enivrant attrait des rares qualités
Que décèlent partout vos divines bontés.
Et mon cœur, alarmé d'un projet qui vous touche,
A livré son secret, suspendu sur ma bouche.
Ai-je tort, Léonie..., et me condamnez-vous?

LÉONIE.

Contre vous, mon cousin, je n'ai point de courroux.

ÉGLÉ, à part, en soupirant.

Qui pourrait en avoir?.... Ce n'est pas là répondre.

LÉONIE.

Vos sentiments pour moi sont faits pour me confondre.
En sœur, jusqu'à présent, avec vous j'ai vécu....
En sœur je vous chéris, soyez-en convaincu....

SAINT-PHAR.

J'ai besoin, en ce jour, d'un sentiment plus tendre.

LÉONIE, avec émotion.

Mon frère, mon ami..., je ne puis vous le rendre.

SAINT-PHAR, avec une profonde affliction.

Un refus !

ÉGLÉ, à part, avec attendrissement.

Ah ! ma sœur est cruelle, pourtant !....
Pauvre cousin !... Plus tard... s'il m'en disait autant !

SAINT-PHAR, à Léonie.

J'osais mieux espérer...

En saisissant la main de Léonie, qu'elle lève vers lui.

J'espère mieux encore :
Un ami vous supplie ; un amant vous implore.

LÉONIE, à Saint-Phar.

Ah ! je voudrais, Saint-Phar, qu'il dépendît de moi
D'accepter vos serments, en vous donnant ma foi !...

ÉGLÉ, à Saint-Phar, d'un air caressant.

Mais son cœur aime ailleurs....

Avec intérêt.

Mon cousin, du courage !

SAINT-PHAR.

Tout m'accable à la fois !

ÉGLÉ, en voyant ouvrir la porte.

On vient. Chut !

A part, avec attendrissement, en regardant Saint-Phar.

Quel dommage !

SCÈNE V.

SAINT-PHAR, GERSAIN, LÉONIE, ÉGLÉ.

GERSAIN, bas à Saint-Phar, en lui présentant un portefeuille, pendant que Léonie et Églé vont au-devant de madame de Volmar, qui se montre dans le fond du théâtre, suivie de Valombreuse.

Enfin, j'ai réussi ! mais c'est à vingt pour cent.

Voilà ce que l'on gagne à se montrer pressant.

SAINT-PHAR.

C'est bien ; donnez.

GERSAIN.

Voici..., grâce à mon ministère.

Saint-Phar prend le portefeuille et le serre.

SCÈNE VI.

SAINT-PHAR, DE VALOMBREUSE, GERSAIN, MADAME DE VOLMAR, LÉONIE, ÉGLÉ.

MADAME DE VOLMAR.

Valombreuse est vivant ; sa blessure est légère.

SAINT-PHAR, courant à Valombreuse et le pressant dans ses bras.

Valombreuse !...

En se relevant, et avec effroi.

Et Dincourt !...

LÉONIE, à part.

O mon Dieu !

SAINT-PHAR, avec anxiété.

Réponds-moi....

DE VALOMBREUSE, froidement.

Saint-Phar, en sa faveur d'où te vient cet effroi ?
C'est moi qui suis blessé !

ÉGLÉ.

Je respire.

SAINT-PHAR, à Valombreuse, en s'animant de plus en plus.

Ah ! pardonne

Un reste d'amitié, qui moi-même m'étonne,
A l'égard d'un perfide, auteur de ce combat.
Mais envers toi d'ailleurs je ne suis point ingrat ;
Je ne saurai jamais à mon gré reconnaître
L'amitié qu'en ce jour pour moi tu fais paraître.
Jamais je n'oublirai qu'un généreux transport
Pour mon seul intérêt t'a fait braver la mort :
Il n'est rien que, pour toi, je ne sois prêt à faire.
Quelle preuve en veux-tu?... Je peux tout pour te plaire.
Oui, tout; parle, et tes vœux sont remplis.

ÉGLÉ, vivement.

Oh! non pas.

Avec un ton de mécontentement.

Il est, je crois, prudent d'excepter certains cas....
Et pour moi ce serait une peine infinie
S'il épousait ma sœur.

SAINT-PHAR, avec force.

Épouser Léonie!!

A Valombreuse, avec anxiété.

En ce jour malheureux, par un destin fatal,
Dans Valombreuse aussi dois-je craindre un rival!

DE VALOMBREUSE.

Un rival!

Avec calme d'abord, puis avec ironie.

Ce soupçon a lieu de me surprendre....
Et je ne sais, vraiment, si je dois me défendre....
Est-il à supposer qu'insultant à tes droits,
J'aille de l'amitié méconnaître les lois?...
Me prends-tu pour Dincourt?... ou suis-je pire encore?...
Crois-tu, s'il s'avilit, que je me déshonore?...
Vainement je voudrais me le dissimuler;
On le dirait, hélas! à t'entendre parler :

C'est moi qui suis blessé, mais c'est lui qui t'occupe!...
De tes désirs secrets je ne suis plus la dupe :
Dincourt à Valombreuse est encor préféré....
Et ton vœu, sur ce point, n'est que trop avéré :
Pour le croire innocent, tu me voudrais coupable....
Lentement et avec une ironie toujours croissante.
A le bien prendre, au fait, la chose est vraisemblable ;
Et tu peux hautement bannir tous tes ennuis :
Dincourt n'est point ingrat, et moi seul je le suis.
Alors qu'à te servir je témoigne un faux zèle,
A l'amitié Dincourt est, lui, toujours fidèle ;
Quand, en secret, sans doute, à l'objet de tes feux
Valombreuse exprimait de téméraires vœux,
La poursuivant partout des plus brûlants hommages,
Mendiant ses regards ou briguant ses suffrages,
Lui, seulement jaloux de te faire sa cour,
A ton amour sans peine immolait son amour.
C'est ton hymen qu'il veut, quand je veux qu'il se rompe ;
C'est lui qui se dévoue, et c'est moi qui te trompe.
Ah!... pour punir mon crime et venger sa vertu,
Comme un indigne ami que ne me chasses-tu?
Loin d'être, plus longtemps, victime de mes ruses,
Que ne vas-tu plutôt lui porter tes excuses?...
Vraiment, si j'étais toi, j'y courrais à l'instant :
Le moment est parfait, car tu sais qu'il t'attend.

SAINT-PHAR.

Pardonne, Valombreuse, une crainte insensée,
Jetée imprudemment dans une âme blessée.
L'injustice est souvent au cœur du malheureux,
Et Dincourt, malgré moi, m'a rendu soupçonneux :
Mais tu seras vengé!...
Il s'élance pour sortir.

LÉONIE, se jetant au-devant de lui.

Saint-Phar!....

SAINT-PHAR.

Ah! qu'il se montre!...

SCÈNE VII.

SAINT-PHAR, DINCOURT, DE VALOMBREUSE, GERSAIN,
MADAME DE VOLMAR, LÉONIE, ÉGLÉ.

SAINT-PHAR, courant à Dincourt, qu'il voit entrer.

Si tu viens me chercher, j'allais à ta rencontre.

DINCOURT.

Voici ta lettre.

SAINT-PHAR.

Eh bien!

DINCOURT.

Que faut-il en penser?

SAINT-PHAR.

Que nul, impunément, ne saurait m'offenser.

DINCOURT.

A mon cœur, Dieu merci! l'offense est étrangère;
Et toi-même, plus tard, le diras, je l'espère.

SAINT-PHAR.

De ma crédulité c'est assez abuser :
Tu sais ce que je veux, et ne peux refuser.

DINCOURT.

A m'y forcer, en vain ton courroux me convie,
C'est beaucoup trop déjà d'un duel en sa vie.
Hautement je le dis : si je me suis battu,

ACTE CINQUIÈME.

Ce fut de la faiblesse, et non de la vertu ;
Mais si j'ai dû montrer le courage vulgaire
D'affronter un instant l'arme d'un adversaire,
Mais à ce faux honneur, reste d'un préjugé
Dont enfin l'univers devrait être purgé,
Si j'ai pu ce matin par malheur me soumettre,
Ne crois pas qu'avec toi je puisse me commettre.
Je le voudrais, d'ailleurs, tu ne le voudrais pas !...
Non, tu ne voudrais point me donner le trépas ;
Non, dans le moment même où tu me dis parjure,
Où tu me crois l'auteur d'une sanglante injure,
Non, je ne te suis pas, Saint-Phar, indifférent ;
Non, tu m'aimes encor..., ton cœur m'en est garant.

SAINT-PHAR, avec un sentiment de regret.

Tu me fus cher sans doute.... Hélas ! ma destinée,
Pendant quinze ans et plus à la tienne enchaînée,
Ne t'a que trop appris ton empire sur moi !....
Non, personne jamais n'en eut autant que toi....
Bien éloigné d'ailleurs de vouloir m'en défendre,
S'il m'eût été possible, on m'aurait vu l'étendre !....

En s'animant progressivement.

Comment m'as-tu payé d'un pareil dévoûment ?
Comment as-tu compris notre commun serment ?
Hélas ! ta trahison ne m'est que trop prouvée :
Le malheur est sur moi depuis ton arrivée ;
Trompé par l'amitié, rejeté par l'amour,
Tous les maux à la fois m'accablent en ce jour.
Autour de moi, partout, ta lâcheté les sème :
Je t'apprends mes desseins ; tu sais celle que j'aime,
Tu promets avec feu de joindre tes efforts
Aux efforts que je tente ; et, sans aucun remords,
Dans ton ingratitude et dans ta félonie,

Tu viens me disputer le cœur de Léonie !...
Un ami me restait, et ton esprit cruel
Pour me priver de lui le provoque en duel !
Et pour mettre le comble à cet excès d'outrage,
Ma personne elle-même est l'objet de ta rage !
Les liens les plus forts, les devoirs les plus saints,
Brisés ou lacérés pour rompre mes desseins,
La crainte ou le soupçon, la discorde et l'offense,
Voilà les résultats produits par ta présence !...
Amitié, dévoûment, amour et loyauté,
Droits sacrés de l'honneur, tu n'as rien respecté....
Va, plus tu possédais de pouvoir sur mon âme,
Plus je t'aimais..., et plus ta conduite est infâme !!

DINCOURT, avec tristesse, après un mouvement
d'amour-propre offensé.

Cruel aveuglement d'un esprit irrité,
Qui redoute l'erreur et fuit la vérité !

SAINT-PHAR.

De m'outrager au jeu n'as-tu pas eu l'audace ?

DINCOURT.

T'outrager ! non. Hier, au jeu j'ai pris ta place,
Mais j'en avais le droit : non pas ce droit commun
Créé dans les tripots pour régenter chacun,
Mais ce droit plus sacré que je tiens de toi-même,
Que tu me conféras par un serment suprême,
Dont j'ai dû me servir pour retenir tes pas
Vers l'abîme emportés.

SAINT-PHAR.

        Ce n'était pas le cas.

DINCOURT.

Moi seul en restais juge.

SAINT-PHAR.

Et Léonie?

DINCOURT.

Écoute.

SAINT-PHAR.

Tu l'aimes!

ÉGLÉ, bas à sa sœur.

Tu le vois.

DINCOURT.

Oui, je l'aime; sans doute.
Mais, quand d'autres liens semblaient te retenir,
Aimer aussi, Saint-Phar, était-ce donc faillir?

SAINT-PHAR.

Ton silence envers moi prouve ta perfidie.

DINCOURT.

La conséquence est fausse, et je la répudie.

SAINT-PHAR.

Tu m'as caché tes feux, et je t'ai dit les miens.

DINCOURT.

Hélas! voilà mon tort, avec toi j'en conviens.
Mais, avant mon départ, tout plein d'un trouble extrême,
J'ignorais tes projets, je m'ignorais moi-même :
Les tourments de l'absence ont pu seuls m'éclairer
Sur les traits qui venaient en moi de pénétrer.
Mais, à peine arrivé, je volais tout t'apprendre,
Quand tes soudains aveux, si bien faits pour surprendre,
Sont venus m'accabler!... Mais si je me suis tu,
Contre ma propre ardeur j'ai bientôt combattu;
Contre ce même amour, objet de tes alarmes,
A l'amitié bientôt j'ai demandé des armes;

Et, malgré mon malheur, voulant te rendre heureux,
Je n'ai plus vu que toi, ton amour et tes vœux.
Oui, je l'atteste ici par tout ce qui respire,
J'ai dit en ta faveur tout ce qu'on pouvait dire.

DE VALOMBREUSE, à demi-voix, à Saint-Phar.

Ma foi, pour un rival, ce serait merveilleux!

DINCOURT, après avoir jeté un regard de dédain sur Valombreuse.

Ce n'est que naturel chez l'homme généreux.

A Saint-Phar.

J'ai dit ce dévoûment dont tu donnes l'exemple;
Ces nobles qualités qu'en toi chacun contemple,
Et ce grand caractère, et ce cœur excellent,
Que rehausse si bien ton sublime talent;
J'ai peint l'homme et l'artiste, en l'estime du monde,
Te créant l'un et l'autre une gloire profonde;
Et, de tes sentiments déroulant le tableau,
Aussi vrai que brillant, aussi puissant que beau,
J'ai promis le bonheur à celle dont la flamme
S'embraserait aux feux qui brûlent ta belle âme.

ÉGLÉ.

C'est vrai.

SAINT-PHAR, à Églé, vivement.

C'est vrai?

DE VALOMBREUSE, à Églé, avec ironie.

Bien vrai?

ÉGLÉ.

Mais oui : j'en suis témoin.
Et ma sœur, comme moi, peut le dire au besoin.

DE VALOMBREUSE.

Alors, c'est différent; mais vraiment c'est étrange.
A Saint-Phar, à demi-voix.
Que l'on serait heureux si tu prenais le change!

DINCOURT.

Reviens à toi, Saint-Phar; reconnais ton erreur :
Non, Dincourt n'a jamais fait outrage à l'honneur;
Tel tu l'as vu toujours, et tel il est encore;
C'est son cœur qui te parle, et c'est lui qui t'implore.
Au nom de la justice et de la bonne foi,
Au nom de ces bienfaits que tu versas sur moi,
Et du serment sacré qui joint nos destinées;
Au nom des sentiments de nos jeunes années;
Au nom encore, au nom de mes chagrins cuisans,
Rends-moi, Saint-Phar, rends-moi mon ami de quinze ans!
A voler dans tes bras l'amitié toujours prête
En appelle à ton cœur des erreurs de ta tête!

SAINT-PHAR, avec un trouble marqué.

Pourtant, s'il était vrai qu'il n'en impose pas!

DE VALOMBREUSE, à Saint-Phar, à demi-voix.

Qui pourrait le penser plaindrait ton embarras.

DINCOURT, à Valombreuse, dont il vient d'entendre
les paroles.

Lorsque je me défends sans accuser personne,
Ce propos, Valombreuse, au plus haut point m'étonne!...
Je me taisais sur vous..., vous me faisiez pitié!...

DE VALOMBREUSE, avec force.

Moi?

DINCOURT, avec force aussi.

Vous, qui seul ici trahissez l'amitié!

DE VALOMBREUSE, avec emportement.

Moi? moi? Dincourt !

DINCOURT.

Vous.! oui, vous, dont la jalousie
Perce encore au travers de votre hypocrisie;
Vous, dont l'âme envieuse et les propos jaloux
Contre moi de Saint-Phar excitent le courroux;
Vous, qui témoin, hélas! de l'injuste colère
Qui pousse un noble cœur contre son noble frère,
Bien loin de l'apaiser, travaillez, mais en vain,
A nous mettre aujourd'hui les armes à la main,
Et seriez satisfait si, tombant dans le piége,
Nous portions l'un sur l'autre une main sacrilége !
Vous, dont l'esprit cupide, en l'astuce affermi,
Conspire à dépouiller un généreux ami,
Et partout, dans les jeux tourmentant la fortune,
Voulez vous enrichir sur la bourse commune !...
Expliquez, s'il se peut, ce billet de Gersain,
Au moment du duel trouvé sur le terrain;
C'est à vous qu'il s'adresse :

Il lit.

« En serviteur fidèle,
» J'ai conclu votre affaire; il y fallait mon zèle :
» A l'instant à Saint-Phar je prête votre argent. »

D'un ton de mépris, en passant le billet à Saint-Phar.

On peut juger d'ailleurs du maître par l'agent.

DE VALOMBREUSE, avec un dédain affecté.

Le moyen par lequel on voudrait me confondre
Ne vaut pas même au fond la peine d'y répondre,
Et j'y dois seulement opposer le mépris.

SAINT-PHAR, qui vient de lire le billet.

Ce billet par Dincourt sans doute est mal compris;

Mais pour moi, Valombreuse, en cette conjoncture,
Prouve-lui, prouve-moi que lui seul est parjure.

DE VALOMBREUSE.

La fortune, hier soir, il est vrai, m'a rendu
Quelques débris du bien qu'au jeu j'avais perdu,
Et le sort a voulu que tu sois la victime;
Mais le gain, à ce titre, est-il illégitime?
Mais le jeu, bien souvent m'a-t-il donc épargné?
Mais toi-même, vingt fois, ne m'as-tu pas gagné?
Cependant, en voyant que ta perte était grande,
De la mettre à moitié je t'ai fait la demande.
Que m'as-tu dit alors, et même avec humeur?
« Que les dettes du jeu sont celles de l'honneur;
» Que chez toi ce principe est de règle absolue;
» Que toute persistance est chose superflue!... »
Eh bien! ce que Saint-Phar dédaignait de ma main,
Je te l'ai fait offrir, par les soins de Gersain,
Comme un prêt d'un ami, sans intérêts ni gage....
Est-ce donc que Dincourt en eût fait davantage?
Voilà pourtant les torts qu'il t'excite à punir!
Maintenant tu sais tout : c'est à toi d'en finir.
Mais mon cœur, qui s'indigne, attend de ton courage
De venger à l'instant l'amitié qu'on outrage :
Il faut opter, Saint-Phar, entre Dincourt et moi.

SAINT-PHAR.

Il le faut, en effet, je le sens comme toi.
Mais mon cœur parle encore et ma raison chancelle.
Sans doute il est parjure, et je te crois fidèle....
Pourtant ces intérêts demandés par Gersain!...

DE VALOMBREUSE.

Des intérêts, dis-tu?... L'on m'en accuse en vain.

GERSAIN, sur qui Valombreuse vient de jeter
un regard impératif.

Ces intérêts, Saint-Phar, étaient mes honoraires :
Il faut bien que l'on vive, en faisant vos affaires.
   Avec une grande humilité, en s'inclinant profondément.
A moi la faute....

  SAINT-PHAR, vivement, en montrant Valombreuse.

    A lui la générosité !...

Bien !... bien !...
    Il lui serre la main avec effusion.

  LÉONIE, en faisant un effort sur elle-même.

   Saint-Phar, de moi sachez la vérité.

  DE VALOMBREUSE, à Léonie, en s'empressant
de l'interrompre.

La vérité ! c'est là tout ce que je désire,
Et je serais charmé de vous l'entendre dire :
Personne assurément n'est plus digne que vous
De renseigner Saint-Phar sur ses soupçons jaloux,
De prouver que jamais ils n'auraient dû m'atteindre,
Qu'un autre seul ici possède l'art de feindre,
De montrer quel il est, de dire quel je suis.
Ah ! si je n'avais craint d'exciter vos ennuis,
Vous m'eussiez vu déjà vous prendre pour arbitre,
Et vous le méritez sans doute à plus d'un titre ;
Mais j'ai dû respecter votre amour.... pour Dincourt.

    DINCOURT, à part.

Pour moi !

   LÉONIE, avec confusion.

 De grâce !...

  ÉGLÉ, à Valombreuse, avec mépris.

   Fi !...

ACTE CINQUIÈME.

DE VALOMBREUSE, à Léonie.

Pardon ; le bruit en court.
Mais parlez.

MADAME DE VOLMAR, avec émotion.

Non, c'est moi qui parlerai pour elle :
Et Saint-Phar peut me croire, à ma peine cruelle....

DE VALOMBREUSE, avec une légère expression d'ironie.

Sans nul doute, madame, il est clair que Saint-Phar
Doit croire aveuglément madame de Volmar.

MADAME DE VOLMAR.

Saint-Phar, j'en fais l'aveu : ma vanité froissée
D'entraver vos desseins m'inspira la pensée ;
J'étais bien loin d'ailleurs de souhaiter vos maux.
Mais dans vos deux amis je trouvai vos rivaux ;
J'espérai que ma nièce, ou de l'un ou de l'autre
Encourageant l'amour, repousserait le vôtre ;
Et pour ma peine, hélas ! et pour votre malheur,
Je vous les opposai dans un moment d'humeur.
L'effet a dépassé ma funeste espérance ;
Mais des deux promptement j'ai vu la différence.
L'un et l'autre, informés par moi de mes projets,
M'ont instruite, à leur tour, de leurs desseins secrets.
L'amitié de Dincourt est noble et magnanime ;
Et, quant à vous trahir..., accusez de ce crime
Valombreuse et Gersain !...

DE VALOMBREUSE, avec précipitation.

Ah ! madame, arrêtez !

GERSAIN, d'un ton patelin.

Vous pourriez vous tromper.

SAINT-PHAR, à Valombreuse et à Gersain, qu'il a observés attentivement depuis que Valombreuse a interrompu Léonie.

Misérables!... sortez.

Vivement et avec effusion.

A la fin, grâce à Dieu! mon âme prévenue
Saisit la vérité, si longtemps méconnue!

Il jette un regard écrasant sur Valombreuse, qui sort, après un moment d'hésitation, en se cachant la figure.

GERSAIN, se rapprochant de Saint-Phar d'un air rampant.

Permettez....

SAINT-PHAR, le regardant avec mépris.

Vous encore!

GERSAIN.

Et l'argent?

SAINT-PHAR, en lui jetant, avec mépris, le portefeuille, qui tombe.

Le voilà!

(Gersain se précipite sur le portefeuille, le ramasse, et se retire lentement, en portant sur Saint-Phar des regards obliques, pendant que celui-ci suit avec dégoût les mouvements de Gersain.)

Ah! quelle abjection dans tout cet homme-là!

SCÈNE VIII.

SAINT-PHAR, DINCOURT, MADAME DE VOLMAR, LÉONIE, ÉGLÉ.

SAINT-PHAR, en se retournant vers ceux qui restent.

Amis, mes torts sont grands; mais l'amour peut encore
Faire oublier des maux que l'amitié déplore :
Léonie, avant tout je veux votre bonheur,
Je dois envers Dincourt réparer une erreur;

ACTE CINQUIÈME.

A la main d'un amant que votre main unie
Rende heureux à jamais Dincourt et Léonie.

Saint-Phar tend les bras à Dincourt, qui s'y précipite.

DINCOURT.

Saint-Phar, mon noble ami, cœur bon et généreux,
Tu voudrais!...

SAINT-PHAR.

Elle t'aime..., et je vous veux heureux.

DINCOURT, avec tendresse, en se tournant vers Léonie.

Et vous?...

Avec tristesse, après une pause pendant laquelle Léonie garde le silence.

Vous vous taisez!...

ÉGLÉ, en se glissant entre sa sœur et Dincourt.

C'est l'effet de la joie :
A son amour pour vous son âme est toute en proie.
Moi, je réponds pour elle.

Elle met la main de Léonie dans celle de Dincourt.

LÉONIE.

Ah! Dincourt!

DINCOURT, en baisant la main de Léonie.

O bonheur!

LÉONIE, avec embarras, en se tournant vers madame de Volmar.

Ma tante?...

MADAME DE VOLMAR.

J'y souscris; mais, comme une faveur,
Je tiens qu'en te perdant Églé du moins me reste.

SAINT-PHAR, à madame de Volmar.

Je le voudrais aussi, hautement je l'atteste;
Mais vous savez qu'Églé devra suivre sa sœur :

C'est le vœu de sa mère.

LÉONIE.

Et celui de mon cœur.

ÉGLÉ.

C'est le mien; mais ma tante aussi sera des nôtres.

LÉONIE, à sa tante.

Nous vivrons tous ensemble.

DINCOURT, à madame de Volmar.

Et les uns et les autres
Nous rivaliserons à vous donner nos soins.

MADAME DE VOLMAR.

De votre attachement je n'attendais pas moins.
Cette offre, mes enfants, me flatte sans nul doute;
Mais, bien que le refus autant qu'à vous me coûte,
Je dois m'y résigner, sans trop d'ailleurs savoir
Ce que, pour l'avenir, il me faudra vouloir.

Elle jette, en même temps, un regard du côté de Saint-Phar.

SAINT-PHAR, à madame de Volmar.

Aux arts, que vous aimez, vous resterez fidèle.

LÉONIE, à sa tante.

Paris, en leur faveur, réclame encor ton zèle.

SAINT-PHAR, toujours à madame de Volmar.

Leur sceptre, entre vos mains si justement remis,
Doit y briller toujours.

A Dincourt et à Léonie.

Quant à moi, mes amis,
Après le rude coup dont mon âme est frappée,
J'ai besoin quelque temps d'une vie occupée;
Et je vais vous quitter.

ACTE CINQUIÈME.

ÉGLÉ, avec peine.

Nous quitter!

SAINT-PHAR.

Il le faut.

ÉGLÉ, avec intérêt.

S'il le faut, j'y consens; mais revenez bientôt.

SAINT-PHAR.

Certain de conserver l'amitié qui nous lie,
Je vais aller revoir notre belle Italie.
Rome m'appelle encore, et je pars dès ce soir.

A Dincourt et à Léonie.

Après votre union vous y viendrez me voir.
Soutenu par les arts, par leur céleste flamme,
J'espère encor pouvoir y retremper mon âme;
Et, corrigeant ma tête, en guérissant mon cœur,
Travailler pour la gloire, à défaut du bonheur.

LÉONIE, à Saint-Phar.

Allez, et comme ici qu'on applaudisse à Rome
Les succès de l'artiste et la bonté de l'homme.

FIN.

(REPRODUCTION INTERDITE.)

COMPARAISON.

Le Romantique,		Est au Classique,
Enfant gothique,		Génie antique,

I.

Comme Bacchus,		Est à Vénus,
Ivre et cynique,		Sage et pudique;

II.

Comme un cours d'eau,	Est au ruisseau,
Torrent nouveau,		Près d'un coteau,
Cruel fléau,		Faisant tableau,
Terreur soudaine,		Qui, dans la plaine
Qui se déchaîne,		Et sur l'arène,
Et, dans sa haine,		Partout promène,
Qui tout entraîne		Partout ramène
Vers le tombeau,		Sa limpide eau;

III.

Comme un pavot		Le jus sauvage
Encor nouveau		Du nénufar,
Est à la rose		Au vieux nectar
Tout juste éclose;		De l'Hermitage;

IV.

Comme la nuit		Est à l'Aurore,
Que frayeur suit,		Qu'heureux sans bruit
Qui vite fuit,		L'Amour conduit,
Avec ses crimes		L'Amour adore;
Et ses victimes,		Qui s'évapore,
Dans les abîmes,		Vermeille encore,
Quand sur les cimes		Quand se colore
Le soleil luit,		Le jour qui suit;

V.

Comme Sirène,　　　Comme Silène,
Trompeuse et vaine,　Guettant Iris,
Est à Cypris　　　　Est à Pâris
Avec les ris;　　　　Charmant Hélène;

VI.

Comme Attila,　　　Est au roi sage
Qui, dans sa rage,　Qui, d'un autre âge
Partout brûla　　　Nouveau Titus,
Et mutila　　　　　Eut les vertus
Sur son passage,　En apanage;

VII.

Comme les vents,　　Sont aux autans,
Quand les tempêtes,　Quand le printemps
Des bâtiments　　　Chassant le givre,
Brisant les faîtes,　Aux plaisirs livre
Rasent les crêtes　Nos cœurs contents;
Des monuments　　Qu'heureux de vivre,
Et d'ossements　　L'âme s'enivre
Couvrent nos têtes,　Par tous les sens;

VIII.

Comme un Satyre,　Est à Zéphire,
A l'air grivois,　　Au franc minois,
Vieux et matois,　　Jeune et courtois,
Qui, dans les bois,　Qui, fier du choix
Attaque Elvire,　　De son Elvire,
Tout aux abois,　　Sur le hautbois
Et, vrai sournois,　Et d'une voix
Dans son délire,　　Qu'Elvire inspire
La veut réduire　　Et qui l'attire,
Sous son empire,　Heureux soupire
En tapinois,　　　Ses douces lois;

IX.

Comme la guerre, Est à la paix;
Couvrant la terre Dont les bienfaits
De la misère, Sont à jamais;

X.

Comme un choriste, Est au mortel
Instrumentiste, Chéri du ciel,
Compositeur, Qui, par des larmes
Grand tapageur, Pleines de charmes,
Qui, dans ses veilles Par des accents
Faisant merveilles, Attendrissants,
Hurle aux corneilles, Vifs ou pressants,
Tout fier de lui, Tout pleins de flamme,
Cornant l'ennui Va droit à l'âme
A nos oreilles, Pour plaire aux sens;

XI.

Comme l'emphase Est au réveil
Qui toujours blase, De la nature,
Manquant de base Brillante et pure,
Et de soutien, En sa parure
Qui pour un rien D'un feu vermeil,
De tout s'embrase, Quand le soleil,
Devant la phrase A sa prière,
Vide de sens, Sur le chaos
Brûlant l'encens Verse les flots
Tout en extase, De sa lumière;

XII.

Comme, aux enfers, Sont au grand Être,
Les sombres flammes Du haut des airs
Brûlant les âmes A l'Univers
Des cœurs pervers, Parlant en maître;

XIII.

Comme un pasquin,
Qui court la fille,
Avec le drille,
A la Courtille,
Quand il s'habille
D'un brodequin
De maroquin,
D'un casaquin
En souquenille,
D'un saint-frusquin
De pacotille,
Riche et mesquin,
Joint la béquille
Au palanquin
Et l'or qui brille
A la guenille
D'un arlequin,

Est à Glycère,
Qui, dans Cythère,
Fraîche bergère
Au sort prospère,
Quand elle espère
Beaux alentours,
Tendres retours,
Sait que toujours
Mise légère,
Moelleux contours,
Bon caractère,
Cœur sans détours,
Désir de plaire,
Sont les atours
Qu'avec mystère
Chacun préfère
Dans ses amours;

XIV.

Ou bien en somme
Comme est encor :
Tonquin à Rome,
Le cuivre à l'or,
Le fifre au cor,
Le singe à l'homme,
L'obscurité

A la clarté,
L'afféterie
A la candeur;
A la pudeur
L'effronterie,
L'Étrangeté
A la Beauté.

J.-F. CH.

Paris. — Imp. de GAUTHIER-VILLARS, rue de Seine-Saint-Germain, 10.

PARIS. — IMPRIMERIE DE GAUTHIER-VILLARS,
Rue de Seine-Saint-Germain, 10, près l'Institut

www.ingramcontent.com/pod-product-compliance
Lightning Source LLC
Chambersburg PA
CBHW060200100426
42744CB00007B/1104